La Mort de Prométhée

DU MÊME AUTEUR

Un terrorisme planétaire, le capitalisme financier, essai, La
    Différence, 2011.

Couverture : Jean Mineraud.

Claude Mineraud

La Mort
de Prométhée

essai

Éditions de la Différence

INTRODUCTION

Le 15 septembre 2011, est paru aux Éditions de la Différence, sous le titre *Un terrorisme planétaire – le capitalisme financier*, un essai où je m'efforçais d'analyser les risques que représentait un système financiarisé dans ses diverses modalités de fonctionnement, qu'elles soient de caractère politique, économique, social ou culturel.

Si, dans ce nouveau livre, j'ai repris certains passages du précédent, j'ai essayé dans le même temps d'en renforcer l'argumentation et d'en élargir le champ de réflexion. Il m'a semblé également opportun d'actualiser certaines données sur les banques et les organismes financiers qui m'avaient déjà servi d'exemples dans le premier. En effet, l'évolution de ces établissements au cours de ces dernières années met en relief les divers chemins qu'emprunte le capitalisme pour re-stabiliser des situations un moment compromises. J'ai voulu aussi reprendre certains paragraphes et le titre du chapitre III du premier ouvrage, « La pulsion de mort », qui représentent à mes yeux le socle sans lequel ma remise en cause radicale du capitalisme passerait sous silence les matériaux génétiques et psychanalytiques de mon approche.

Si j'ai choisi comme titre de ce second ouvrage *La Mort de Prométhée*, c'est parce qu'il m'a semblé correspondre, non seulement à mon interprétation personnelle du mythe, mais surtout exprimer la conviction qui est aujourd'hui la mienne.

Dans la mythologie grecque, le Titan Prométhée, après avoir créé l'Homme en mélangeant de l'eau et de la terre, lui donne un corps proche de celui des dieux. Il lui offre ensuite le savoir en lui remettant le « feu sacré » qu'il avait volé en s'introduisant secrètement dans l'Olympe, permettant ainsi aux hommes de se mesurer aux dieux. Il s'attire aussitôt la colère de Zeus qui l'enchaîne, nu, à un rocher dans les montagnes du Caucase, un oiseau de proie, aigle ou vautour, venant chaque jour lui dévorer le foie qui, chaque nuit, se recompose. Sa souffrance, le jour, et sa résurrection, la nuit, confèrent aux hommes, en raison de la connaissance qu'il leur a transmise, la même dimension tragique et éternelle que la sienne. Or, si le nouveau dieu Tekhnologia, maître de l'Olympe après avoir détrôné Zeux, crucifie Prométhée sur son rocher en un robot rigide et froid, pourvu d'un foie en acier sur lequel se briserait le bec de l'oiseau, Prométhée, privé de renaissance la nuit, est condamné à mourir. Si Prométhée meurt, l'Homme, dépossédé du « feu sacré » de la connaissance et de la souffrance régénératrice qui l'accompagne, meurt en même temps que lui.

Aujourd'hui, je crois que Prométhée est mort et que toute croyance dans l'avenir de l'Homme, constamment bafouée depuis de nombreuses décennies, est vouée désormais à basculer, soit dans d'inopérantes utopies rapidement récupérées ou broyées par le nouveau Léviathan, soit dans des affrontements ethniques à connotation religieuse qui risquent de dégénérer en guerres civiles d'une implacable violence.

I

L'APPRENTISSAGE

Une vie professionnelle longue et intense m'a obligé à une résistance physique, nerveuse, mentale, que je crois avoir pu globalement assumer pour être resté fidèle à l'étudiant en philosophie que je m'étais efforcé d'être, au collège d'abord, à l'université ensuite. C'est cet étudiant qui a souvent dirigé le fondateur et le gestionnaire des deux principales moyennes entreprises qu'il a créées, dans les orientations et les décisions qu'il avait à prendre, la culture qu'il devait acquérir, enrichir, promouvoir autour de lui.

Avec l'adhésion déclarée de l'ensemble de ceux qui m'entouraient de leur compétence et de leur confiance, ont été élaborés, et appliqués dans ces deux entreprises, les principes et les préceptes qui nous sont apparus comme seuls susceptibles de conférer une vitalité et une âme à la communauté non seulement professionnelle mais culturelle que nous rêvions de construire. La nécessité reconnue de la fonction de chacun, la légitimité des contreparties attendues tant à titre individuel que collectif, une absence de tout contrôle du temps *de* travail réglementaire grâce à la mise en place d'un temps *du* travail organisé dans chaque service selon les desiderata croisés de chacun, une capacité individuelle d'autodirection, le rattrapage le lendemain de l'erreur ou de l'injustice commise la veille. Enfin, la distribution à chaque collaborateur d'un authentique dividende du travail exprimé en pourcentage (17,50 %) du résultat net annuel de l'établissement. Une vision de la vie confortée par la démarche et les méthodes promulguées dans l'entreprise.

Ce sont donc mes divers métiers qui, notamment au cours de ces cinquante dernières années, m'ont permis d'assister au progressif envahissement d'un capitalisme qui soumet désormais l'économie réelle à ses diktats.

Ce capitalisme, je crois aujourd'hui en connaître suffisamment les déviances pour dénoncer la pulsion de mort qui se dissimule sous la plupart de ses manifestations.

Quels étaient, à l'origine, les fondements du capitalisme industriel dessinés par le philosophe et économiste écossais Adam Smith (1723-1790), qui avait su résumer sa doctrine en une formule, « la main invisible du marché », à laquelle beaucoup de ses disciples se réfèrent encore et que ses successeurs, lointains ou contemporains, ont reprise sous leurs propres bannières ? La liberté d'entreprendre sans entrave, sans souci de l'environnement et sans respect de l'autre, le libre-échange sans intervention ni restriction étatiste, la loi équilibrante de l'offre et de la demande constamment revitalisée par les affrontements de la concurrence. Si ces « valeurs » continuent à être brandies et glorifiées par leurs thuriféraires les plus convaincus, elles sont également celles sur lesquelles les détenteurs de la finance et de ses circuits de production et de distribution prétendent asseoir et légitimer la défiscalisation de leurs actifs dont le montant global a été évalué en 2012 à 600 milliards d'euros pour la seule France[1].

Or, la première des déviances du capitalisme, conséquence d'un phénomène qui s'est accéléré depuis le début des années 1980 – le surgissement d'établissements d'envergure mondiale, communément désignés sous l'appellation de multinationales – s'avère à l'expérience antinomique avec ces fondations idéologiques.

Sous le couvert d'un concept inventé pour la circonstance, celui de l'accès obligé à une taille

---

1. Antoine Peillon, *Ces 600 milliards qui manquent à la France. Enquête au cœur de l'évasion fiscale*, Le Seuil, 2012.

Un montant égal, à l'époque, si l'on se réfère aux chiffres d'Eurostat, la direction générale de la Commission européenne chargée de l'information statistique à l'échelle communautaire, à environ 35 % de la dette publique de la France au 31/12/2011. Des chiffres sans doute sensiblement dépassés aujourd'hui.

au-dessous de laquelle l'entreprise n'aurait pas les moyens de consolider son positionnement et sa pérennité, les établissements lancés dans cette fuite en avant ont dû avoir recours, non pas seulement à un développement de leurs ressources intrinsèques, mais surtout à une croissance externe grâce à l'acquisition ou au rapt d'entreprises insuffisamment armées pour résister à l'attaque. Des entreprises encombrées de dirigeants proches de la retraite et désireux de percevoir le pactole de leurs stock-options, quelle qu'en soit la forme, ou encore d'actionnaires avides de réaliser leurs actifs, les uns comme les autres dénués de toute considération d'intérêt général ou civique.

Qu'en est-il résulté ? Un seul exemple suffira à en faire la démonstration.

J'ai créé ma première société en 1960, une société de courtage d'assurances. À l'époque, pour répondre à la demande de ses clients, le courtage disposait d'une gamme de plusieurs dizaines de compagnies d'assurance capables de prendre en charge la couverture des risques de groupements professionnels parmi les plus importants au monde ou d'entreprises à vocation et à volonté exportatrices sollicitant qu'on les accompagne dans les pays où elles (s')investissaient. Désormais que la quasi-totalité de ces compagnies ont été rachetées, absorbées, digérées, n'opèrent en France que quatre ou cinq groupes susceptibles de couvrir

de tels risques, en raison, d'une part, des capacités
de réassurance qu'ils ont intégrées par une superposition dc holdings interconnectées, d'autre part, de
la présence des filiales que cette forme de croissance
les a autorisées à introduire dans la plupart des pays.

Que reste-t-il des « valeurs » du libéralisme,
depuis notamment la fin des années 2000 ? Quelques
entretiens téléphoniques ou de conversations de cocktails, ou encore de dîners en ville, suffisent à mettre
en œuvre « des accords de place » qui imposent leurs
conditions de garantie et de tarif à des courtiers réduits à une simple délégation de gestion au lieu de la
mission prépondérante de concepteur, de négociateur,
de « patron » du marché, qui légitimait auparavant
leur nécessité. Des accords de place d'autant plus
faciles à conclure qu'on sait pouvoir intervenir directement – ne se retrouvent-ils pas au sein de la même
coterie ou de la même loge ? – auprès des dirigeants
du groupement ou de l'entreprise assuré(e), dont
l'oreille complaisante permettra de court-circuiter
la détermination du courtier à dicter au marché les
dispositions qu'il aura lui-même arrêtées.

Ce phénomène ne saurait, bien sûr, se limiter
à l'assurance. Il s'étend à tout le secteur tertiaire,
notamment à la banque, comme à toute activité
industrielle ou manufacturière, les démesures mortifères de la concurrence étant réservées aux petites
et moyennes entreprises que les multinationales

obligent à consentir des prestations de sous-traitance souvent sans marge bénéficiaire et, quelquefois même, au-dessous de leur prix de revient.

Ainsi donc, les multinationales sont dorénavant les instruments de conquête d'un capitalisme qui, s'il utilise encore constamment, sous ses drapeaux publicitaires ou ses discours politiciens, les « valeurs » de ses origines, les nie chaque jour davantage. Ses composants actuels détruisent le libre-échange, se servent de la thématique de la concurrence dans le seul but d'annihiler dans l'œuf le projet d'entreprise qui risquerait de déranger la composition chimique de l'espace qu'ils contrôlent. Le capitalisme, devenu cause et finalité d'une boulimie compulsive, tue le désir. N'a-t-il pas, enfin, l'habileté, au bout de la chaîne qui les empêche de bouger, de fourvoyer ses opposants dans une impasse sémantique les conduisant à baptiser d'ultralibéralisme un déterminisme sans fissure, dictatorial, omniprésent. L'ultralibéralisme ? La muleta qui abuse, contourne et épuise un taureau *préalablement drogué*.

En second lieu, il me semble que ce capitalisme peut s'assimiler, chaque jour davantage, à un néonazisme. Sous d'autres apparences, avec d'autres moyens, notamment ceux que lui fournit la haute technologie qui accélère l'écart entre les pays riches et les pays pauvres, il construit les bidonvilles de la pauvreté et de la misère, il décrète et multiplie l'ostracisme et l'exclusion. Il propulse à l'échelle de la planète des impulsions qui explosent en une hystérie de destruction, il asservit ou tue autant de vies que, hier, les pogroms et les chambres à gaz. Il n'a plus aucun objectif ni aucune rationalité qui ne répondent d'abord à la dictature du court terme. Il est privé de la moindre intelligence prospective en dehors de celle qu'il lui faut développer pour étendre et approfondir sa domination.

Enfin, mon scepticisme sur la capacité des hommes politiques, ou des partis dans lesquels ils s'étiolent et se délitent, à maîtriser les enjeux mondiaux, s'est mué en une certitude qui m'est désormais commune avec d'innombrables populations de par le monde. Ces politiciens sont impuissants à dompter l'hydre de Lerne dont ils ne sont plus que les otages et, souvent, les esclaves. Leur manque de courage les voue à un manque de discernement qui les abandonne à un destin futile, dérisoire, ou, pire, à une complicité carriériste. Partout dans le monde, des forces occultes ont, en effet, mis en place des réseaux de castes et de sectes qui ne sont eux-mêmes que les circuits de propagation et de domination d'une machinerie qui a désormais échappé au contrôle des hommes et des femmes, notamment de ceux qui prétendent la diriger.

Les dirigeants des multinationales concentrationnaires et leurs hommes de main ne sont-ils pas devenus le plus souvent les pièces obéissantes d'un échiquier qui modifie de lui-même les règles du jeu quand il estime devenue nécessaire l'adaptation de celles-ci à des marchés dont la création, l'évolution, l'envahissement, ou encore l'abandon, répondent à sa logique interne.

Les intellectuels, économistes, écrivains, essayistes, philosophes, professionnels ou occasionnels, examinent, quelquefois avec perspicacité, le tronc de l'arbre, la courbe de ses ramures, les couleurs de son feuillage, mais se gardent bien de creuser la terre qui le soutient, de peur, découvrant la décrépitude des racines, que des manœuvres dont ils connaissent la violence décide de les exclure d'un jeu auquel ils sont attachés tant il flatte leur ego et alimente leur carrière.

Les artistes eux-mêmes, rebelles par définition, sont désormais soumis à la déferlante de l'argent ou rejetés par elle s'ils ne suivent pas les rails de la conformité.

Aujourd'hui, sous l'effet de la vision à très court terme inhérente à la spéculation financière, un art dit contemporain utilise la provocation la plus tapageuse pour devenir le nouvel art officiel. Et cette systémique de l'outrance obtient le soutien d'un environnement en recherche d'un certain type de valeurs spéculatives, comme de médias généralement privés d'une capacité de survol et d'indépendance. Les crédits, les subventions, ne sont-ils pas désormais concentrés sur les seules « œuvres » de cette provocation « officielle » et refusés aux artistes qui ne se soumettent pas au nouveau dogme, d'où l'asphyxie progressive et programmée de ces derniers ?

En définitive, dans de nombreux pays occidentaux, notamment les plus riches, s'offre au premier regard une population atone, amorphe, encombrée de modes éphémères, en position continuelle de suivisme, livrée à des spectacles collectifs, quelle qu'en soit la nature, y compris sportive, qui l'avilissent.

En élargissant le débat, l'humanité est-elle capable d'un sursaut, possède-t-elle encore la faculté, sans le secours des divinités protéiformes qu'elle a créées à son image pour se libérer de l'angoisse existentielle qui l'étreint, de façonner de ses propres mains un ensemble de perspectives qui transportent et transcendent le désir ?

Rien n'est moins sûr sans une mutation de l'être humain qui éliminerait enfin la peur de l'autre, et son corollaire, l'agressivité, qui empêchent l'humanité d'accéder à la civilisation. Mais cette mutation, si elle devait un jour prospérer, exigera l'opposition massive et coordonnée des peuples à des « élites » devenues les courroies de transmission d'un processus qui voue désormais à la détérioration ou à la mort la plus discrète musique de vie.

*

C'est pourquoi il m'arrive aujourd'hui de penser que la course est jouée et que le vin est tiré : l'humanité, telle que nous l'avons appréhendée ou connue depuis l'*homo sapiens sapiens*, soit depuis environ 35 000 ans, est condamnée à s'autodétruire.

Après plusieurs décennies d'avancées techniques prodigieuses, d'une imprégnation sans cesse accélérée des esprits et des comportements dans l'économie artisanale et commerciale d'abord, dans l'industrie ensuite, dans une exclusive et mortelle stratégie financière enfin, le capitalisme arrive à la fin de son parcours. Il est privé de boussole par le fatalisme et la résignation qui conduisent d'immenses populations à se soumettre aux détournements légalisés par les technocrates et les fantoches qu'il a installés dans tous les domaines. Désormais incapable de s'orienter dans le champ clos d'une mouvance aux impulsions devenues irrépressibles, impuissant à contrôler leurs oscillations, il est obligé de les abandonner à leur seule cohérence. Il a inventé un monstre dont l'ultime manifestation est exprimée par un ensemble, sans cesse élargi, de composants de caractère électronique rassemblés sous le vocable de haute technologie et dont l'emprise sur chaque molécule de vie et parcelle d'activité sera de plus en plus tentaculaire et dévorante.

Après l'explosion des premières bombes atomiques à Hiroshima et à Nagasaki à la fin de la

Seconde Guerre mondiale, nous avons assisté, dans la plupart des pays industrialisés et, ensuite, sous la pression dictatoriale de ceux-ci, à la dissémination sur la quasi-totalité de la planète de centrales nucléaires dont il est désormais certain qu'elles constituent un danger mortel, intrinsèque ou collatéral.

Les catastrophes de Tchernobyl et de Fukushima, loin d'être circonscrites à leurs effets actuellement perceptibles, notamment la seconde dont les Japonais ne parviendront ni à réparer ni à canaliser les fissures et les fuites, n'empêcheront pas un implacable jeu de poulies de continuer à construire des centrales dont on voudra se convaincre qu'elles seront de plus en plus sécurisées grâce aux progrès techniques réalisés. La propagande officielle, répandue par des pouvoirs publics impuissants à reconquérir un instant de vérité, s'efforcera, en effet, de gommer les inquiétudes que cette multiplication devrait susciter. Comment de prochains désastres ne pourraient-ils pas, dès lors, s'avérer inéluctables ?

De même, l'extraction intensive du gaz de schiste, logiquement inscrite dans le programme d'une démarche contrainte de trouver des produits de substitution à un pétrole dont elle craint qu'il ne soit en voie d'épuisement à distance de quelques décennies, provoquera, en nombre sans cesse augmenté, des cataclysmes de plus en plus ravageurs en raison de la dislocation des couches terrestres dont elle s'accompagne – et ces cataclysmes généreront eux-mêmes, comme à Fukushima, des catastrophes nucléaires.

Un cercle vicieux fatidique.

Dans un temps relativement proche, après contamination de l'air, des mers, des rivières, des terres, l'homme sera entouré et assiégé par des substances ou des matériaux radioactifs qui le tueront après lui avoir infligé d'hideuses souffrances.

Ce processus est, d'ailleurs, déjà largement commencé dans le domaine de la nourriture, notamment dans les pays riches à forte consommation, comme dans le domaine de l'eau potable dans les pays pauvres. Il s'exercera avec d'autant plus de virulence que les pays riches, focalisés sur une surproduction qui leur paraît assurer à court terme les profits qui constituent leur seul moteur, auront industrialisé et pollué de pesticides de toutes natures les produits de la terre, de la mer, en même temps qu'ils auront dénaturé et infesté la totalité des animaux comestibles.

Un autre phénomène, dont le développement s'accélère chaque jour, épargnera peut-être à l'humanité les horreurs de cette mort lente sans pour autant lui épargner à plus ou moins long terme une autre forme de destruction et de disparition. Dans un temps qui, à mon sens, ne devrait pas dépasser le siècle actuel dans les pays industriels avancés, la haute technologie, en développement sans cesse accéléré, aura fabriqué – n'est-ce pas déjà largement le cas aujourd'hui dans le domaine de l'Internet et de la finance – des robots tellement sophistiqués que l'homme, en les construisant et en les manœuvrant, aura appris les méthodes et les procédés scientifiques qui lui permettront d'opérer sur lui-même une transmutation qui le réduira à n'être plus qu'un androïde configuré selon des schémas préalablement arrêtés.

Le geste, la parole, la pensée et l'action de cet androïde seront programmés de telle sorte qu'il deviendra, quelle que soit la nature de la prédestination que ce dispositif lui aura attribuée, un objet purement utilitaire. La fin de l'autonomie de fonctionnement, du foisonnement des contradictions qui caractérisent l'être humain et façonnent douloureusement sa créativité et son génie, la fin de l'imaginaire, de la révolte, des pulsions venues du fond des âges. La mort du désir. La mort.

En 1915, le Tchèque Franz Kafka publie, en langue allemande, *La Métamorphose* ; en 1925, son ami et exécuteur testamentaire, Max Brod, se charge – contre sa volonté, semble-t-il, car il lui aurait écrit, avant sa mort en 1924, de brûler tous ses manuscrits – de faire paraître *Le Procès*, puis, en 1926, *Le Château*. Trois œuvres qu'il faut lire et méditer en sens inverse de leur ordre de parution et qui font de l'auteur l'un des plus grands écrivains du XXe siècle. Dans *Le Château*, des forces inconnues exercent un pouvoir dont ceux qui le subissent ne peuvent comprendre ni les raisons ni les finalités. Dans *Le Procès*, le personnage principal, Joseph K, assiste, solitaire et impuissant, à sa condamnation comme coupable d'une faute originelle, sans discerner laquelle, ni pourquoi, ni comment, il l'a commise. Dans *La Métamorphose*, l'homme persécuté par les maîtres invisibles du *Château* et condamné dès le début de son *Procès* est transformé en un cancrelat réduit à quelques mouvements dérisoires et absurdes avant de crever.

En 1920, la pièce, *R.U.R. (Rossum's Universal Robots)*, d'un autre écrivain tchèque, Karel Čapek, est jouée à Prague. Cette pièce, dans laquelle Čapek invente le mot « robot », sera publiée pour la première fois en France par les éditions de L'Aube en 1997 puis reprise par les éditions de La Différence en janvier 2011. La quatrième page de couverture de cette dernière parution résume l'œuvre dans des termes qui mettent en lumière son caractère prémonitoire : « Les robots sont des machines capables de penser qui s'imposent comme une force de travail extraordinairement peu coûteuse, productive et sans prétentions [...]. Des millions de robots remplacent progressivement les hommes [...]. Les hommes devenus anachroniques et inutiles sont condamnés à l'inactivité et à l'oisiveté. L'humanité tombe vite en décadence, perd sa capacité à se développer, ne procrée plus. Les robots [...] finissent par se révolter contre leurs maîtres – les hommes [...] et ne veulent plus être commandés par eux. »

En 1932, le romancier britannique Aldous Huxley publie *Le Meilleur des mondes* dans lequel il attaque frontalement le culte scientiste des techniques auxquelles les hommes, après les avoir construites, se soumettent sans retour. Il s'élève contre l'américanisation du monde et imagine la destruction et le remplacement de l'humanité par des strates d'androïdes hiérarchiquement classifiées en fonction des fonctionnalités d'un système qui réduit chaque existence à une caricature programmée. Des androïdes qui, pour la satisfaction de leurs appétits sexuels, utilisent des femmes en matière plastique, des femmes « pneumatiques » aux soupirs et aux gémissements télécommandés.

En 1949, un autre Britannique, George Orwell, publie son roman *1984* dans lequel il décrit la deshumanisation d'une technologie que les hommes ne peuvent plus ni freiner ni arrêter et qui, inévitablement, aboutit à la démence totalitaire d'un nouveau dieu, ordonnateur des jours et des nuits, dictateur invisible et minutieux, *Big Brother*.

Nous y sommes.

Une humanité incapable de s'autoréformer, à l'ultime étape du processus qu'elle aura développé, s'anéantira d'elle-même dans une mécanisation qu'elle aura certes inventée, mais programmée et développée sans prendre conscience qu'elle la conduisait à l'abîme.

Pour toutes ces raisons, aussi longtemps que je le pourrai, je continuerai à dénoncer l'imposture d'un type de société qui prétend promouvoir le progrès et la liberté alors qu'il étouffe l'humanité dans un irrécupérable engrenage. Je continuerai à l'accuser d'avoir propagé et banalisé sur la totalité de la planète un terrorisme qui aura contaminé et détruit les racines, le tronc et les superstructures de la vie.

C'est à ce titre que j'ai essayé dans ce livre de donner une voix à tous ceux qui n'acceptent plus de se résigner à la violence et à l'absurdité et, pourtant, continuent à partager, au-delà de la même révolte et de la même angoisse, le même fol espoir d'une organisation de la cité et d'une esthétique de la vie qui régénéreraient la pensée et l'action.

Que m'importe l'insigne pauvreté, pour ne pas dire l'inexistence, des moyens dont je (ne) dispose (pas). Amertume, tristesse, désespoir acceptés, quelle importance d'être incompris, raillé, méprisé, rejeté, ou encore, quel honneur, détesté et calomnié.

II

FAUSSES ÉLITES, VRAIS COUPABLES

Dans la plupart des pays du globe, la corruption, un signe de décadence quels qu'en soient les moyens employés et la forme, infeste aujourd'hui la plus élémentaire manifestation de la vie professionnelle, économique, sociale et intellectuelle.

Un pays bascule dans la décadence lorsque ses élites, taries par un cursus universitaire exclusivement orienté vers le carriérisme, limitent leur ambition à suivre les divers canaux balisés d'une « sectomanie » de caractère souvent franc-maçonnique, échangeant contre leur réussite sociale la créativité qui illuminait leur enfance et la rébellion qui compensait les inquiétudes et les frustations de leur adolescence.

En France, par exemple, le courage et l'intelligence ont déserté des « élites » emmurées dans la caste que leur ont procurée la famille, l'école, la profession ou le hasard manipulé des rencontres. Ce sont elles qui, sorties de grandes écoles ou d'universités financées par des deniers publics, en complète contradiction avec les soutiens et privilèges que la société leur réserve, sont, entre autres forfaitures, responsables de la dégradation de la langue française. Elles ont anglicisé, soutenues par des médias qui ne savent plus ni penser, ni écrire, ni parler, une multitude de termes qui ont pourtant leur claire et distincte expression dans la meilleure langue de ce pays. Elles ont accéléré le mouvement en imposant le jargon dont la haute technologie inonde les différentes couches de la population, surtout les enfants en raison de leur réceptivité.

Qui élèvera la voix contre la déchéance culturelle propagée par certaines utilisations de l'Internet que de surpuissantes multinationales, surgies comme des champignons vénéneux, déversent sur la planète, dans le double but d'accroître leurs profits déjà faramineux, mais aussi, devenues incontournables, d'échapper à tout contrôle des pouvoirs publics qu'elles dominent et instrumentalisent, quelle que soit la taille du pays.

Les classes politiques sont abîmées dans la veulerie d'une démarche qu'elles n'osent pas avouer et dénoncer alors qu'elles trouveraient dans cette accusation la seule façon de récupérer un pouvoir qui leur a échappé. Ne demandent-elles pas aux médias dont elles disposent de recouvrir du manteau du silence ou du bavardage l'analyse politique des ravages d'un monde en perdition en focalisant l'attention vers des procès secondaires qui n'auront d'autre réelle signification que de déjouer la vigilance et de détourner l'indignation ?

Qui ne voit désormais en ces procès de quelques hommes ou femmes un autre objectif que celui de fixer l'attention des foules sur des boucs émissaires ultra-médiatisés, qui, il est vrai, s'y prêtent, dans le but de dissimuler les crimes collectifs commis par des groupements ou des organismes unis dans la même illégalité, agissant en étroite collusion avec les milieux politiciens qui leur servent de boudoirs ou de paravents, de fournisseurs ou de cautions ?

Ces opérations de diversion ont-elles d'autre objectif que celui de désorienter le regard en le conviant à de nouvelles fêtes de gladiateurs, à des jeux où, sous le prétexte fallacieux de sauvegarder la pureté et la transparence, le hurlement à la mort pourra de nouveau jaillir de poitrines qui acceptent, par ailleurs, de rester comprimées.

Qu'importe, en effet, le bricolage dérisoire de quelques hommes, au regard des problèmes fondamentaux qui déstabilisent aujourd'hui en profondeur les sociétés, les continents et les hémisphères ? Le scandale n'est pas seulement l'énormité de la fortune, ici ou là, de quelques centaines de milliers d'oligarques de par le monde, mais que ceux-là corrompent l'économie mondiale, en même temps que celle des pays où ils investissent ou qu'ils vouent à la désertification. N'abusent-ils pas à grande échelle

des montages complexes qui les protègent contre
l'impôt en leur permettant d'émigrer la plus grande
partie de leurs avoirs dans des refuges construits
pour qu'ils y trouvent une législation spécialement
aménagée pour les accueillir ?

Un pays s'enfonce dans la décadence lorsque sa
population sombre dans une soumission à l'instant
qui la prive de toute perspective et se regroupe sur une
route encombrée des mirages qui dissolvent la pensée
et aveuglent le regard. Des mirages qui s'estompent
aussi vite que d'autres apparaissent, générant une
frustration, une lassitude, une fatigue qui frappent
tous les rouages d'une société démunie de la lucidité
qui permettrait de se diriger dans le labyrinthe des
contradictions consubstantielles à la vie.

Les représentants du peuple s'enorgueillissent
des médailles du dédain que le régime leur accorde
pour les encercler de ses filets. Le tiers état s'est assis
à la table du mépris qu'on lui a apprêtée dans les
cuisines du sous-sol. Le peuple ouvrier restreint son
champ de vie et sa vision politique aux succédanés
qu'on lui jette en pâture, les supermarchés qui provoquent la surconsommation et l'obésité, le tissage
d'une panoplie de protections accessoires chargées
d'inhiber le sursaut, la promotion d'un voyeurisme,
notamment télévisuel, de spectacles frelatés ou de
destins inaccessibles qui engendrent une impuissance
à se libérer des artifices pour construire sa propre vie.

La décadence atteint son apogée dans l'imagerie confuse d'un réformisme de subterfuge auquel on estime qu'un peuple manipulé et méprisé ne s'opposera que faiblement dès lors que cette agitation ne s'attachera pas, notamment dans les pays riches, à restreindre un temps de loisir qu'on lui a appris à se représenter comme l'élément moteur de « la qualité de vie ».

La décadence fonde, ou pénètre, le tissu des lois et des règlements que multiplient les coteries qui se sont emparées des institutions ct des organes directeurs de l'État. Ces coteries se servent des établissements publics qu'elles ont noyautés pour manipuler les manettes de la machinerie qui les prostitue tous, et qui, rémunérant largement l'égotisme de chacun à la place qu'il occupe, obtient le silence sur les poisons que des textes votés par une majorité parlementaire docile, complice, inconsciente ou incompétente, injectent dans les infrastructures de la nation.

C'est ainsi que la décadence française, après des décennies de faiblesse du caractère et du recul de l'intelligence, s'abîme, sous l'effet d'un lent mais inexorable processus, dans l'acceptation d'une récupération médiatiquement téléguidée qui ouvre la porte à un dévergondage des comportements de plus en plus affiché. Depuis le vote, le 28 octobre 1962, d'un type d'élection, l'élection du président de la République française au suffrage universel, qui cumule les tares du populisme, la vulgarité et les outrances de la peopolisation, l'incohérence, la schizophrénie et le conflit de pouvoir au plus haut degré de l'État, une majorité de votants, abusés par un lavage de cerveau qui réduit le débat à un chassé-croisé de « petites phrases », propulse sur le devant de la scène des politiciens sans envergure et sans talent.

Ces politiciens, alors que le capitalisme entre certainement dans sa phase terminale d'autodes-truction, quelle que soit en définitive la durée de celle-ci, ne peuvent échapper aux contradictions engendrées par le pouvoir fantasmatique qui reste au président de la République française sur la scène internationale. Ces hommes, entourés d'une bande d'apparatchiks dont chacun tient à conserver sa place dans la surenchère à la démagogie la plus brouillonne, pouvaient-ils dès lors ne pas se livrer aux caprices d'une toute-puissance illusoire ? Ne sont-ils pas tous inconscients de la gravité aussi bien des enjeux de l'heure que des prétendues réformes que le système leur dicte pour qu'ils les imposent ensuite eux-mêmes à leur pays, aussi inadaptées et inadéquates l'une que l'autre, chacune d'elles de caractère électoraliste ou confiscatoire ?

Ces hommes, à l'hypocrisie précautionneuse et perverse, finissent par se fabriquer une sincérité de bric et de broc, par s'inventer une fausse légitimité qui ne leur a pourtant toujours servi qu'à masquer, soit le pillage par eux de biens qui ne sauraient leur appartenir, soit l'abandon des responsabilités que la collectivité leur a confiées.

Depuis plusieurs décennies, la France est une toupie désorientée par la main de démiurges sans boussole, un navire privé de gouvernail, un bateau ivre laissé aux seules impulsions d'une mécanique déréglée dont les ressorts sont susceptibles d'exploser dans un proche avenir.

C'est ainsi que des gouvernants, par nature éphémères, les chapelles et les castes de la médiocrité et de la vulgarité institutionnelles, dégradés et disqualifiés par leurs compromissions avec les circuits mondiaux du « monde de la finance », réduisent au silence la voix de ceux qui continuent à penser que la présence de la France et de son peuple dans le concert international, au-delà des désastres subis et des humiliations infligées, est indispensable. Sans cette présence, le monde serait privé de l'art de la dialectique dans le discours, d'une perfection dans la construction de la phrase, d'une souplesse dans la logique de l'argumentation, d'un lyrisme dans l'incantation, d'une brillance dans le velours et l'envolée de l'esprit, d'une verve dans la gouaille ou l'insolence – une musique à nulle autre identique, issue du métissage millénaire fécondé par de nombreux envahisseurs.

*

La petite flamme peut-elle encore ne pas s'éteindre ? Malgré le pullulement, la superposition et le croisement des trafics d'influence. Malgré des responsables de grandes entreprises sans autre projet que le service à des actionnaires d'un profit détourné de son objet social et économique. Malgré la futilité et la jactance de politiciens affaissés sous le poids du mépris de leur peuple, d'économistes en chambre, de philosophes mondains, de pitoyables et autoproclamés « politologues », « sociologues » ou « justiciers » du cirque médiatique. Tous vecteurs d'une organisation, invisible au premier regard, ou qu'ils refusent de voir, qui les réduit, nourrissant temporairement leur égotisme, à un état de complicité lâche et paresseuse, quelquefois criminelle.

III

LA PULSION DE MORT

La concentration massive des entreprises et des circuits de distribution est présentée comme le facteur incontournable du progrès et du développement, comme le processus nécessaire à la construction d'une société post-industrielle. Et les médias, quel que soit leur mode d'expression, sont condamnés à se ruer à l'assaut pour obéir aux directives des puissances auxquelles ils appartiennent ou dont les budgets publicitaires leur sont vitalement nécessaires.

Les manifestations les plus visibles de cette concentration sont la mondialisation des marchés financiers, la sacralisation du profit, la multiple dictature du court terme, l'acharnement concurrentiel imposé aux petites et moyennes entreprises par les sociétés multinationales, la substitution, aux lois qui devraient être exclusivement promulguées par les pouvoirs publics, d'une déréglementation institutionnalisée par des votes instrumentalisés.

Or, ce phénomène de massification, dont l'addition est dans la plupart des cas impuissante à retrouver, même au strict plan quantitatif, la totalité des forces ajoutées, n'est en réalité qu'une fuite en avant, une prolifération d'adiposités superposées, une régression dans le domaine de la technologie appliquée, l'intrusion et la diffusion, à l'échelle de l'économie mondiale, de la magie incantatoire du chiffre d'affaires, du rang, et, surtout, l'emballement d'une technostructure qui a échappé à la volonté et au gouvernement des hommes pour ne plus respecter que la seule loi de son engrenage.

Sous la ligne de visibilité se développe, en effet, une inexorable logique. Un enchevêtrement inextricable de rouages, tous imbriqués les uns dans les autres sans la moindre possibilité de pause ou d'arrêt, pousse le prédateur de circonstance à une voracité qui le condamne à réduire à l'impuissance la proie qu'il s'apprête à engloutir, à en broyer les membres au fur et à mesure qu'il l'avale, à annuler son histoire et sa culture dès que l'absorption est consommée.

Mais cette opération ne saurait accomplir ses exactions sans prétendre se référer à une éthique et à une morale.

Le système invente donc, conceptualise et institutionnalise les valeurs dont il a besoin pour fasciner et engourdir ses victimes. Et ces valeurs sont ensuite diffusées et injectées dans le corps social, comme autant de postulats, par les instruments de communication à qui le dispositif impose de servir de relais à sa domination, après les avoir obligés à rejeter la vocation libertaire de leurs origines.

Premier axiome du mécanisme auquel la spéculation financière et la course au profit des multinationales soumettent les petites et moyennes entreprises (PME/PMI), la thématique de la concurrence légalise le règne de la terreur auquel le processus de massification soumet les organismes vivants qui se trouvent à portée de sa boulimie, et fournit ensuite une légitimité à un trafic d'interventions appuyé sur des coups de main qui relèvent d'une réminiscence rampante du fascisme, d'une nouvelle forme de délinquance.

En effet, l'écrasement des marges, corollaire naturel de la dérive concurrentielle, a pour but, et pour résultat à plus ou moins long terme, d'entraîner le dérèglement des connexions pourtant indispensables au fonctionnement interactif des organismes, de servir d'outil logistique à la domination des marchés de la spéculation sur le monde de la production et du travail, dont les capacités d'investissement, sans lesquelles la construction de l'avenir est compromise, se trouvent structurellement détériorées.

Enfin, l'action a besoin de silence, et la fabrication des moyens de l'action d'une gestion du silence, pour laisser se développer, en les contrôlant, les tâtonnements utiles à la solidité de la construction et à l'exactitude du métier. Or, le mythe de la transparence, recouvert des artifices de la bonne conscience que lui procure un consumérisme sorti de ses gonds et détourné de son utilité après avoir été récupéré et digéré, autorise l'envahisseur à ausculter, mettre à nu, disséquer le corps et l'âme des entreprises dont il veut s'emparer ou qu'il veut détruire.

Cette dissolution du droit de rétention, cette vivisection des réflexes de défense essentiels à l'emmagasinement et à la concentration de l'énergie, ont pour objectif, soit de priver l'organisme des nerfs et des muscles qui auraient pu lui permettre de résister à l'affrontement, soit, s'il refuse de se soumettre à l'assaut, de le livrer, en le culpabilisant pour l'affaiblir, aux interprétations, aux rumeurs, à la calomnie ou à la diffamation.

La transparence, dont les moyens de communication se servent aujourd'hui pour intoxiquer et submerger les esprits les plus solides, a désormais basculé dans un subtil mais impitoyable sadomasochisme : le bourreau convie sa victime à assister sur les écrans de ses ordinateurs aux différentes phases de l'opération chirurgicale qui va la tuer – et la victime participe d'autant plus au jeu qu'on se rapproche de l'estocade. La transparence ? Une autopsie avant meurtre.

*

Une morale, pour sortir de l'abstraction, pour envahir, pénétrer et réduire les résistances, a besoin de s'appuyer sur une logistique.

Qu'est-ce donc que la mondialisation des marchés financiers, sinon un renversement copernicien des fonctionnalités et des fonctions : le financier n'est plus un outil de l'économique mais celui-ci un aliment de celui-là, un carburant plus ou moins défectueux que le premier aurait la charge coûteuse de raffiner. La production du matériau brut ou manufacturé, si elle continue à être estimée comme un support nécessaire, est désormais considérée, dans le labyrinthe et le kaléidoscope de cette forme explosée du capitalisme, comme la survivance souvent encombrante d'une époque inférieure.

Et pourtant, derrière le miroir de son omnipotence, « le monde de la finance » est affligé d'une tare fondamentale : il ne crée aucune richesse ni aucune valeur ajoutée qui puissent résoudre, dans aucune région du monde, les problèmes que, bien au contraire, il induit ou contribue à hypertrophier. Ne se borne-t-il pas à un déplacement de lignes cathodiques sur un écran et ne se résume-t-il pas ainsi à la promotion exclusive d'un monde artificiel ?

En vérité, le système est frappé d'une maladie congénitale, *l'absence d'être*, à laquelle il ne peut échapper : en voulant, par sa prétention à proposer un nouveau type de fonctionnement et de circulation, se sauver de l'abstraction, il hypertrophie celle-ci en une virtualité universelle.

La sacralisation du profit participe d'une perversion de la sexualité, de la sensibilité et de l'intelligence. La satisfaction que procure la possession de l'argent procède d'un érotisme de substitution, d'une nouvelle forme de donjuanisme – et cette réduction du désir à une représentation phallique aussi décalée révèle un détournement de la pulsion conduisant au conflit névrotique et à l'impuissance, quelle que soit la gymnastique à laquelle on se livre.

Cette névrose provoque elle-même un affaissement de l'intellect, car cette dévitalisation de l'éros s'accompagne du rétrécissement d'une vie mentale qui, pour n'être plus ranimée par la lave en fusion de l'affect, s'étiole dans une a-culture ou une contre-culture incapable d'appréhender et de saisir l'intense et complexe densité des êtres et des choses.

*

L'œuvre de destruction n'est pas pour autant achevée. Après avoir détérioré et empêché la circulation d'une vie autonome dans les organismes de base, il est nécessaire, pour éviter tout risque de régénérescence, d'affaiblir, de marginaliser et de réduire à son tour à l'impuissance l'édifice public que les hommes ont souvent mis des siècles à construire.

C'est ici que s'entrelace et devient inextricable le nœud gordien. Alors que l'État devrait veiller à ce que le débat politique développe un souffle quelquefois chaotique mais seul capable d'enrichir chacun des interlocuteurs de la valeur ajoutée que représente le partenaire, ou l'adversaire qui s'obligerait à respecter la règle du jeu, c'est l'État lui-même qui expose publiquement le spectacle, le signe indélébile, de son incapacité à préserver l'intelligence et le dynamisme pour se réfugier dans le mépris, l'ostracisme, l'exclusion, dans certains pays la dictature stipendiée et sanglante.

Dès lors, l'État, étouffé par les puissances souterraines qui l'ont investi, se trouve réduit à n'être plus que la machinerie où se regroupent, s'entrecroisent et se formatent les différents automatismes dont il est obligé de transmettre les diktats.

Il fallait, toutefois, que cette confiscation trouvât un levier. L'idéologie de la déréglementation la lui a procuré, ne sert-elle pas de vecteur et d'alibi à la captation du pouvoir par des forces abritées derrière l'image médiatisée d'une fausse modernité et laissées, en vérité, à la dérive incontrôlée de comportements maffieux.

En fait, l'État est devenu le bras, l'exécuteur des basses œuvres du capitalisme : les lois et les règlements qu'il édicte répondent aux impulsions, aux ordres qu'il reçoit de combinaisons qui se sont revêtues de sa souveraineté.

Par infiltrations programmées, progressives et successives, tous les membres du corps de l'État ont été envahis et sont aujourd'hui tétanisés ou complices. Les écoles et les universités, privées ou publiques, servent désormais de centres de formation aux bandes de mercenaires assignés à répandre le despotisme. Dans les ministères et les organismes de contrôle, beaucoup de fonctionnaires, qui sont statutairement chargés de protéger la vie communautaire contre la tyrannie ou les malversations de pouvoirs parallèles, sont entrés en connivence objective – et le degré de connivence s'élève en même temps que le grade – avec les prédateurs que leur collaboration insidieuse et commanditée désigne et impose comme « partenaires de référence » aux entreprises dont les bases organiques exigent pourtant une indépendance de culture et de fonctionnement.

Parce que les intéressés n'en ont souvent qu'une lointaine et confuse perception émaillée de quelques fugitives réticences vite réprimandées ou sanctionnées, cette collusion de fait est tragique : les représentants et les agents d'un État réduit à un rôle de couverture servent d'organes de transmission à une opération de spoliation. Ce sont eux, en effet, qui calculent, organisent et légalisent le transfert, sur l'ensemble de la collectivité nationale, du poids de plus en plus lourd des nuisances que provoque un agrégat concentrationnaire orienté vers la distribution, en vase clos et restreint, d'un dividende de plus en plus abondant à des actionnaires dont les appétits sont pourtant antinomiques avec les objectifs que devraient cibler les entreprises, quelle que soit leur taille. Des entreprises dans lesquelles se retrouvent piégés des dirigeants complices ou translucides, des cadres ployés sous le joug de la peur, des salariés contraints, par crainte du chômage, d'abandonner un esprit de mobilisation dont l'absence va pourtant nuire à la prospérité de l'établissement qui les emploie.

Le meilleur exemple en est fourni par les quarante entreprises françaises qui composent l'indice boursier que l'on désigne sous le nom de CAC 40.

Ces entreprises sont, chacune, des multinationales dont les chiffres d'affaires figurent parmi les premiers mondiaux dans leur secteur d'activité et, si elles emploient des centaines de milliers de personnes en France et dans le monde, leurs bénéfices déclarés atteignent des sommets de l'ordre de plusieurs dizaines ou centaines de milliards d'euros ou de dollars.

Or, le capital de ces quarante entreprises est, à hauteur d'un pourcentage très appréciable, détenu

par des fonds de pension américains dont on devrait
pourtant commencer à douter de la pérennité ou,
tout au moins, de la capacité à fournir sur le long
terme les recettes par capitalisation qu'attendent les
épargnants qui, pour financer leur retraite, leur ont
confié une partie de leurs revenus. Comment ces
fonds pourraient-ils assumer, dans un avenir peut-
être proche, ces engagements d'une masse colossale
si les réflexes exclusivement financiers dont ils
procèdent restent assujettis à un automatisme qui
échappe au gouvernement des hommes pour ne
plus suivre que la loi d'un engrenage déconnecté
de l'économie réelle ?

La réponse n'est-elle pas fournie par l'importance des capitaux publics que les gouvernements
de beaucoup de pays européens et occidentaux ont
été obligés de livrer à des configurations bancaires
responsables d'une explosion qui a commencé
aux États-Unis en 2007 avec l'affaire dite des
subprimes.

Les crédits *subprimes*, accordés par les banques
à un taux variable, avaient été mis en place sans que
l'on se préoccupât réellement de la surface hypothé-
caire de l'immeuble acheté et de la capacité contri-
butive des emprunteurs puisqu'ils procédaient, ceci
expliquant cela, d'une volonté de spéculation sur
les classes modestes ou pauvres dont la population,
aux États-Unis, comme dans toutes les nations du

monde, pays industriels avancés ou pays émergents, est à l'évidence beaucoup plus nombreuse que celle des classes riches.

Les banques distributrices avaient ensuite réparti leurs engagements entre elles et auprès de nombreux autres organismes financiers sous la forme d'un échange de titres, un processus de pulvérisation que le jargon du milieu désigne sous le nom de titrisation.

Lorsque le scandale a éclaté, sous l'effet de la faillite, le 15 septembre 2008, de la banque américaine Lehman Brothers, confrontée simultanément au relèvement des taux, au ralentissement économique et au tassement du marché immobilier, il ne pouvait, compte tenu de cette titrisation, que frapper beaucoup d'établissements et s'étendre à l'ensemble des places financières. Les États sont alors venus au secours des banques pour éviter simultanément un effondrement irrécupérable, mais ces secours ont été consentis sans que l'on prît le contrôle des établissements et sans que l'on en destituât les dirigeants.

En définitive, la manne servie a permis aux fautifs de continuer leurs activités, apportant, s'il en était besoin, la preuve que la classe politique de chaque État est désormais placée sous la domination et la férule des divers organes, structures et circuits, de la spéculation financière.

Or, aujourd'hui, grâce à ce renflouement inacceptable compte tenu de la situation à laquelle sont confrontées d'importantes strates du corps social dans beaucoup de pays dont les déficits atteignent des sommets vertigineux, les multinationales secourues annoncent chaque année des dividendes qualifiés par une presse qui chante leurs louanges de « dividendes records[1] ».

Ces dividendes sont donc fréquemment versés et, pour une large part, aux fonds de pension qui figurent dans l'actionnariat alors qu'ils auraient dû être remis à des États qui auraient exigé que le montant des concours qu'ils avaient octroyés soit transformé en actions d'un pourcentage suffisant à l'exercice du pouvoir. Des États qui auraient intégré la valeur et les revenus de cette prise de participation dans les actifs économiques et financiers dont la gestion leur revient.

Cette situation est d'autant plus intolérable qu'il serait illusoire de penser que ce désastre immobilier est désormais maîtrisé aussi bien sur le plan juridique

---

1. Le 9/02/2015, le site capital.fr, se référant à une étude publiée par la lettre spécialisée Vernimmen.net, indiquait que « les entreprises du CAC 40 ont versé 56 milliards d'euros à leurs actionnaires sous forme de dividendes et de rachats d'actions » au titre de l'exercice 2014, en précisant dans le même article que « la moitié de ces grosses sommes d'argent quittent la France ».

que financier. En effet, les mêmes incohérences que celles commises à l'époque de l'explosion se sont poursuivies et vont, en toute logique, entraîner de nouveaux ravages. Pour faciliter la titrisation, de nombreux organismes financiers n'auraient-ils pas eu recours à des procédures et à des procédés illégaux dans la prise et l'enregistrement des hypothèques sur les biens vendus ? Dans la précipitation, de nombreux documents auraient disparu et, pour occulter cette disparition, certaines banques auraient produit de faux documents. La fourniture de ces documents aurait entraîné elle-même des imbroglios si inextricables que certaines saisies auraient été exécutées par deux banques différentes sur le même immeuble, de telle sorte que, dans beaucoup de cas, on ne distingue plus le véritable propriétaire du bien saisi : est-ce celui qui n'a pas pu faire face à ses engagements ou celui qui aurait ensuite profité de l'aubaine pour le racheter à bas prix ?

L'une des conclusions à retirer de cette débâcle des *subprimes* n'est-elle pas aussi que l'une des fatalités les plus irrépressibles de la dictature mécanique du système, y compris à son encontre, est devenue son incapacité biologique à ne pas enchaîner les mêmes « expériences », même si elles ont été désastreuses et demeurent très récentes. Le numéro 1212 (23 au 29 janvier 2014) de l'hebdomadaire *Courrier international* cite des extraits d'un article publié le 11 janvier 2014 par le journal londonien *The Economist*, sous le titre « Le retour en grâce de la titrisation » : « Discréditée par la crise des *subprimes*, cette technique est de nouveau à la mode. Avec la bénédiction des autorités, qui estiment avoir limité les risques de dérapage. » Dans le corps de l'article, *The Economist* note : « La Banque centrale européenne (BCE) est fan *(sic)* de la titrisation, tout comme les autorités internationales de contrôle du système bancaire, qui, en décembre dernier, ont édulcoré les règlements susceptibles d'en limiter l'usage. »

Enfin, une interrogation de fond naît également de l'attitude de la FED dans la faillite de Lehman Brothers Inc qui a servi de révélateur à l'ouragan qui a déclenché des ondes de choc dans l'intégralité de la configuration bancaire mondiale.

Lehman Brothers a subi au titre de ses opérations *subprimes* une perte de 6 milliards de dollars, après avoir essayé, à partir du mois d'août 2007, de céder ses positions sur ses crédits immobiliers à risque mais sans trouver d'acquéreur.

Compte tenu de l'ampleur de la perte enregistrée, l'action de la société a immédiatement perdu les trois quarts de sa valeur et cette baisse vertigineuse a obligé l'établissement à chercher un repreneur. Or, les contacts pris ne vont pas aboutir, notamment les pourparlers avec Bank of America, l'une des premières banques mondiales.

Que constate-t-on cependant dans le même temps ? D'une part, Bank of America sauvera la banque Merrill-Lynch. D'autre part, d'autres banques importantes, comme, par exemple, JP Morgan Chase, aideront également certaines sociétés de crédits hypothécaires (Bear Stearns pour ne citer qu'elle). Enfin, l'État fédéral lui-même viendra au secours de certains autres établissements en très grande difficulté (Fannie Mae, Freddie Mac, et même Bear Stearns avant que JP Morgan ne prenne le relais).

Pourquoi l'État fédéral et les grandes banques américaines ont-ils laissé Lehman Brothers s'écrouler sans intervenir ? On nous explique que l'État fédéral voulait « faire un exemple » mais, si cette explication devait être retenue, elle signifierait que l'État fédéral, sous l'influence de la FED, n'avait pas conscience que la faillite de Lehman Brothers ne pouvait qu'engendrer l'explosion planétaire qui s'est en effet produite, toutes les Bourses mondiales ayant subi de plein fouet le tsunami qui a bousculé et désarticulé la Bourse américaine.

Cette hypothèse révélerait donc *ipso facto* l'incompétence de la FED à analyser et anticiper les réactions en chaîne d'une mécanique à qui, pourtant, elle sert continuellement de point d'appui et de référence. S'imposerait aussitôt la conclusion que la FED, qui influence chaque jour la majorité des positions boursières de la planète,

n'est, en réalité, que le croupier désormais incapable d'encadrer les impulsions et les ramifications
de la salle de jeu dont il distribuait auparavant les
cartes ou que, pour des motifs difficiles à démêler
au premier abord, elle choisit elle-même ses victimes ou ses protégés.

S'avère, en conséquence, nécessaire de s'interroger sur le motif réel de cet abandon de Lehman
Brothers, contradictoire avec d'autres sauvetages
qui auront mobilisé des capitaux publics tellement
importants que le journal *Le Monde* du 24/09/2009
en situait le montant global à 700 milliards de
dollars.

En octobre 2007, sous une administration républicaine inféodée au système financier dans toutes
ses implications, l'État fédéral nomme un nouveau
secrétaire d'État au Trésor, un banquier qui, pendant
trente ans, a été associé ou a présidé aux destinées
de la banque d'affaires Goldman Sachs, l'un des
fleurons de Wall Street[1]. Une banque à ce point
compromise dans les crédits *subprimes* qu'on crai-
gnait qu'elle ne tombe elle-même en faillite. Cette
banque avait cependant eu la « sagesse » de faire
couvrir ses opérations risquées par la compagnie
d'assurance AIG, à l'époque la première compagnie d'assurance mondiale, bientôt submergée

───────────

1. La place boursière étatsunienne.

elle-même par l'énormité des engagements qu'elle doit assumer auprès des banques contaminées par l'explosion des *subprimes* du fait de la titrisation mondialisée de ces « prêts toxiques ».

Devant cette accumulation qui attaque toutes les places boursières, la plupart des capitales, notamment européennes, s'émeuvent et certaines n'hésitent pas à accuser Goldman Sachs d'avoir diffusé de fausses informations ou dissimulé « des faits essentiels sur certains produits financiers liés aux prêts *subprime* au moment où le marché de l'immobilier résidentiel américain commençait à chuter[1] ». Selon de nombreux analystes, Goldman Sachs « aurait secrètement parié sur l'effondrement du marché immobilier en faisant la promotion des titres toxiques qui y étaient adossés [...] se sortant elles-mêmes du crash avec des pertes limitées à 1,5 milliard de dollars [...], AIG, qui assurait les actifs toxiques de Goldman, devait des milliards à la banque. Aussitôt renfloué, l'assureur a versé 13 milliards de dollars à Goldman, qui a donc été largement indemnisée pour ses paris hautement risqués [...], Goldman a fait des profits spectaculaires et distribué (à ses dirigeants et opérateurs) des bonus records alors qu'il a été renfloué par l'État [...] sans

---

1. Site Météopolitique du 25 avril 2010, source Agences : France-presse, Associated Press, Bloomberg, Reuters ; journaux : *Le Monde*, *L'Expansion*, *Gesca*.

un prêt fédéral de 10 milliards et le sauvetage d'AIG qui assurait ses actifs toxiques, Golman serait un Lehman Land[1] ».

En résumé, le scénario est interchangeable, quel que soit le type d'activité.

En premier lieu, le système confie à des organismes financiers la tâche de réduire les États à un sas d'entrée et de sortie des circuits qu'on organise à leur place, des tractations qu'on leur inflige de valider, des mesures réglementaires et législatives qu'ils auront à estampiller au nom de la nation et du peuple « souverain », que, dans le même temps, on leur interdira de consulter. Ensuite, il met à la tête de ces organismes des dirigeants, et les divers hauts fonctionnaires qui les entourent, non seulement formatés dans ses écoles, mais pris dans la nasse des compromissions grâce auxquelles on les tient en laisse.

Le site lemonde.fr, dans un article du 24 septembre 2009, n'hésite pas à démontrer que Goldman Sachs a mis la Maison Blanche sous influence en évoquant « le nombre d'anciens banquiers de Goldman Sachs dans les allées du pouvoir depuis plus de quinze ans ». Et de citer nominativement les très influents dirigeants de Goldman Sachs qui, après leur carrière dans cette banque, envahirent ensuite les allées de l'État fédéral, d'abord sous la prési-

---

1. *Ibid.*

dence républicaine, aujourd'hui sous la présidence démocrate, se référant également au journal état-sunien le *Washington Post* qui « lors de la semaine fatidique, en septembre 2008 » avait titré : « Les ex-Goldman tiennent les manettes à Washington ».

Revenons à notre banquier qui, après une brillante carrière dans « le monde de la finance », est, sous les applaudissements de ses coreligionnaires, transféré du secteur privé au secteur public. Il s'approche des sphères gouvernementales, il devient même ministre. Comment sa carrière aurait-elle pu croître et prospérer s'il n'avait pas accepté de nager dans une eau infestée de barracudas et de squales, devenant un prédateur à l'efficacité et à l'implication reconnues par son entourage ? Comment, arrivé aux « affaires », pourrait-il manquer à un environnement qui lui a assuré la notoriété qu'il a sans cesse recherchée et qui, au niveau atteint, lui assure le silence sur les chemins qu'il a pu quelquefois emprunter et que ses compagnons de route connaissent, comme il n'ignore pas les leurs ? Comment pourrait-il se dévêtir de ses réflexes, de son autoconditionnement ? Il emploiera l'habilité qu'il a acquise, le cynisme qui cache ses faiblesses, à répondre aux attentes du système qui lui a permis de mettre le suzerain sous son influence. N'a-t-il pas été appelé à la place qu'il occupe pour se couler dans la machinerie comme un rouage d'autant plus respecté qu'il obéira avec précision, rapidité et fidélité aux divers comportements que celle-ci exigera de lui ?

Le banquier devenu ministre est donc appelé à sauver de la faillite une compagnie d'assurance dans l'incapacité de faire face aux couvertures que sa connivence et ses apparentements l'amenaient à accorder et à respecter. En conséquence, la compagnie d'assurance, sauvée par les deniers de l'État, vient au secours de la banque assurée en lui réglant des indemnités qui vont permettre à celle-ci, si elle a anticipé le clash, de réaliser des bénéfices exceptionnels. Et l'administration démocrate qui va succéder à l'administration républicaine fautive, est piégée, quelle que soit son impuissante et dérisoire colère, s'estimant (à tort) condamnée au silence en raison des intérêts colossaux et mondialisés qui sont en jeu.

Pourquoi ce ministre, nommé par l'État, trahirait-il la confiance des membres de la famille en venant en aide à de lointains cousins que lui-même, comme ceux qui ont applaudi à sa nomination, considèrent comme des partenaires sans doute secondaires mais toutefois susceptibles de déranger le jeu de ceux que le dieu de leur Olympe a choisi d'asseoir à ses côtés ?

Cet aventureux petit cousin Lehman Brothers, dont l'activité en faisait, malgré la différence de taille, un concurrent direct de Goldman Sachs, sera donc disqualifié et dépecé, sa destruction

devant fournir à l'opinion américaine et mondiale
la double preuve que « le monde de la finance »
était capable de s'auto-réguler en éliminant celui
de ses ressortissants qui ne possédait ni la stature
ni la compétence requises pour gérer et sécuriser
les avoirs de la clientèle, et que, dans une période
de crise aussi aiguë, le gouvernement fédéral avait
lui-même affirmé sa nécessité, son autorité et sa
clairvoyance.

*

Un autre exemple, parmi d'autres, de la complaisance des États et de la dictature des marchés
financiers à travers les agences de notation.

Le 29 septembre 2008, la banque franco-belge
Dexia[1], spécialisée dans les financements publics
mais qui pratique également les services de proximité et les opérations d'assurance, est durement
secouée sous l'effet de l'implosion des *subprimes*.

Aussitôt, Dexia est contrainte de réclamer leur
aide aux États français, belge et, marginalement,
luxembourgeois.

Ces États interviennent sous forme d'une injection en capital de 6,4 milliards d'euros (3 milliards
par l'État belge, 3 milliards par la France et 376 mil-

1. *Le Figaro* du 28/09/2008 et *Le Point* du 29/09/2008.

lions par le Luxembourg) et, en outre, d'une garantie d'État plafonnée à 150 milliards d'euros.

Ainsi donc, trois États, dont la France[1], se seront portés au secours d'un établissement bancaire d'envergure mondiale sans exiger la moindre contrepartie et sans en prendre le contrôle. Cette aide n'aura cependant pas évité la suppression de mille cinq cents emplois, de même qu'une très forte dévalorisation de l'établissement et, en définitive, une « extinction » de ses activités. En outre, comment ne pas stigmatiser que relève dorénavant d'une procédure courante le fait que l'ancien président du groupe se soit retiré en octobre 2008 avec un bonus de plusieurs centaines de milliers d'euros (825 000 euros) et que son remplaçant se soit vu attribuer, dès son arrivée, un salaire fixe en hausse de 30 % par rapport à celui de son prédécesseur, un conseil d'administration du 13 novembre 2008 l'ayant porté à 1 million d'euros par an, son bonus (son complément de salaire) étant par ailleurs lui-même plafonné à 2,25 millions d'euros[2] ! Cette opération ne s'est-elle pas renouvelée au 1er janvier 2014 au profit des trois dirigeants chargés de

---

1. Le site de l'hebdomadaire *Le Point* note que : « Selon la Cour des comptes, les déboires de la banque ont coûté 6,6 milliards d'euros à la France. »
2. Le journal *Libération* du 23/04/2009.

l'« extinction » des activités de la maison, comme s'en est offusqué le journal satirique *Le Canard enchaîné* du 22/01/2014 ?

*

Et si tous ces phénomènes n'étaient, en fait, que les diverses expressions de la pulsion de mort d'un type de société dont la schizophrénie confondrait les convulsions de l'agonie avec le traumatisme d'une naissance que l'on voudrait présenter comme l'annonce révélée d'un nouveau type de civilisation ? Puisque le monstre est atteint de voracité pathologique, ne se condamne-t-il pas lui-même à la destruction, sa masse ne devient-elle pas chaque jour plus opaque, ses réflexes plus lents et sa pensée de plus en plus éloignée des centres nerveux ? Sa pesanteur ne l'enfonce-t-elle pas dans la vase de l'endormissement ?

Ne va-t-on pas assister, après la mise en esclavage des organismes dont l'élan et le travail sont aujourd'hui méprisés, au pourrissement sur place de ceux dont l'obésité obstrue le paysage et altère la mouvance des couleurs et la mobilité des perspectives ?

À l'ultime étape, le capitalisme emprisonne l'humanité dans la tunique de Nessus d'une névrose généralisée qui l'asphyxie lui-même. Ses multiples

violences procèdent d'une régression infantile, d'un
retour à la peur et à l'agressivité des premiers âges.
Et les hommes, à qui la technostructure confère, à
des degrés divers, l'apparente toute-puissance de
manipuler les manettes d'un dispositif programmé
ou automatisé, sont condamnés eux-mêmes à la
toute-dépendance et, de ce fait, aux perversions
d'un infantilisme d'autant plus insupportable qu'il
est ridiculement imbu de sa supériorité.

IV

LA CHUTE

La Seconde Guerre mondiale a provoqué l'explosion de la capacité de production des États-Unis. Ce phénomène, assimilable à une éruption volcanique, a fait éclater le traditionnel isolationnisme américain pour le transformer en un hégémonisme mondial. Mais cette explosion avait simultanément contribué à fournir à une autre nation, l'URSS, les moyens de surgir à son tour sur la scène mondiale. Dès lors, chacune des deux superpuissances a exercé son influence sur des zones géographiques distinctes, constituées de satellites destinés à cristalliser les lignes de partage et à éviter tout affrontement direct qui aurait pu conduire à une troisième guerre mondiale dont les ravages auraient été non seulement imprévisibles mais ravageurs pour chaque camp.

Elles ont été aidées à cette répartition des rôles par certains de leurs satellites respectifs qui se fardaient, pour mobiliser l'imaginaire de leur opinion publique, des couleurs habilement fabriquées d'une indépendance fantasmatique, comme la France gaullienne des années 60. Cette satellisation du monde, que l'on a dissimulée sous le simulacre rigidifié de la guerre froide, a permis pendant plusieurs décennies d'éviter des dérapages irrécupérables dans la mesure où elle a obligé chacune des deux superpuissances à maîtriser ses appétits et à inventer un jeu de balancier relativement équilibré.

Or, le bolchevisme élaboré par Lénine à partir de 1903, propulsé et promulgué par la révolution russe de 1917, premier enfant prématuré d'une idéologie trop récente pour être correctement digérée, ne pouvait pas ne pas s'abîmer dans une caricature qui empruntait au capitalisme la plupart de ses tares congénitales sans conserver pour autant la créativité et l'adaptabilité qui caractérisaient celui-ci à ses origines.

Le régime soviétique est mort parce que la rigidité et les approximations de la collectivisation étatique des moyens de production, pour avoir désespéré de l'homme, a désespéré la soif de liberté, parce qu'en désespérant de l'homme, le communisme s'est enfermé dans la reprise à son compte, sans jamais la digérer, de la peur et de la culpabilité des générations précédentes. Le communisme est mort parce qu'il est resté dans le secret de ses profondeurs le singe du capitalisme.

« L'appropriation collective des moyens de production » a donc été détournée de son objet et de sa légitimité conceptuelle pour se pervertir en un instrument de domination stratégique exclusivement orienté vers la fabrication et l'emploi des mêmes armes que le capitalisme. Le dogme de « la dictature du prolétariat », que Marx lui-même n'avait pas suffisamment explicité et qui, de ce fait, servait d'épouvantail aux tenants du libéralisme, ne pouvait pas ne pas engendrer une bourgeoisie d'État aussi sclérosée et castratrice que les classes sociales à qui une spéculation financière, appuyée sur une obésité exogène des entreprises et sur l'explosion des techniques, avait offert la confiscation du pouvoir dans les pays occidentaux.

Dès lors que ce bolchevisme, dont les déviances avaient été fortement accentuées par les successeurs de Lénine, délaissait le rêve pour n'être plus que le pantin du capitalisme, il suscitait l'atonie de son peuple en même temps qu'il soulevait la révolte de ses artistes et de ses intellectuels. Manquant d'un enracinement historique suffisant pour ne pas être de plus en plus remis en cause, ou lâché au fil de l'eau, par ceux-là mêmes dont il avait prétendu transformer la vie, il ne représentait plus qu'un carcan dénué de vitalité et d'efficacité.

Le « collectivisme » soviétique s'est donc condamné de lui-même à une lente mais inexorable désagrégation, faute d'avoir inventé et mis sur orbite une originalité qui aurait rassemblé les énergies des laissés-pour-compte ou des forçats du capitalisme, en leur proposant une perspective, une morale et une esthétique à la place d'une stratégie de conquête aussi vieille et usée que la folie ordinaire des hommes, des ethnies et des États.

Ceci conséquence inévitable de cela, l'effondrement du communisme russe, commencé bien avant la destruction du Mur de Berlin, a aussitôt abandonné le capitalisme aux débordements devenus incoercibles de ses instincts, le propulsant dans des dérèglements, souvent souterrains mais décelables au second regard, qui l'acculaient à une accélération qu'il était devenu incapable de stopper et, même, dans aucun pays, sous aucune latitude, de freiner un seul instant.

En définitive, par un subtil renversement de la cause et de l'effet, le capitalisme court sans la moindre pause à la recherche de nouvelles pistes, de nouveaux centres de profit, de montages financiers susceptibles de lui procurer, ici un enracinement, là une extension de son pouvoir, partout, en tout état de cause, l'assouvissement d'une boulimie qui crée elle-même sa légalité en même temps qu'elle conquiert et asservit.

Pour développer son expansionnisme, puisqu'il a perdu l'intelligence de s'imposer à lui-même des limites et qu'il n'a plus d'adversaire prétendument *idéologique* pour l'y obliger, le capitalisme n'hésite pas à réduire en esclavage les pays dont les richesses

naturelles sont nécessaires ou utiles à sa consommation ou à sa production. Et, si la conquête l'exige, à
éliminer physiquement l'opposition en fournissant
les armes du meurtre ou du génocide aux hommes
de main ou aux castes qui, à son initiative, avec son
soutien et sous son contrôle, vont capturer le pouvoir
et le lui remettre.

Concomitamment, les gouvernements des pays
riches ont installé des instances internationales (la
Banque mondiale, le Fonds monétaire international) dans le but autoglorifié de juguler, au profit du
rééquilibrage de l'économie mondiale, le désordre
des marchés financiers. Or, ces instances, en contradiction directe avec la volonté politique affichée lors
de leur création, imposent désormais, à des États
complaisants ou impuissants, le fanatisme d'une libéralisation de la circulation des capitaux qui livre les
pays pauvres, ou en voie d'émergence, à la rapacité
d'oligarchies maffieuses, projetant la planète dans les
vertiges d'une spéculation *institutionnalisée*.

Toutefois, puisque la condition humaine ne saurait échapper au déterminisme que façonne la terreur
de vivre qui la caractérise, le capitalisme, en étendant
son pouvoir, n'évite plus de mortelles contradictions.

Si son expansionnisme l'amène à asservir ou à
tuer pour envahir et exploiter les marchés que sa boulimie attaque ou met en place, dans le même temps,
il éduque la population indigène qu'il inonde de ses

produits ou qu'il spolie de ses richesses naturelles, il aiguise son appétit et exacerbe sa frustration. Après l'avoir submergée, il lui offre, parce qu'il ne maîtrise plus la violence qu'il exerce, la conscience progressive de ses potentialités de révolte, la découverte lente, mais intériorisée avec intensité, d'une capacité de crier, l'envie de mordre, le désir sauvage de déchiqueter l'agresseur – l'ambition d'une réappropriation de sa propre vie, l'ambition de la (re)conquête.

L'exemple le plus impressionnant et le plus actuel n'est-il pas celui de la Chine, dont les représentants sillonnent le monde pour apprendre les techniques, de moins en moins nombreuses qui pourraient leur rester encore étrangères ou insuffisamment connues, disséquer les législations et, si possible, détecter les secrets de fabrication des entreprises ou des professions des pays qui les accueillent, ou qu'ils reçoivent. Tout en réussissant à donner à leurs interlocuteurs l'illusion qu'ils ont choisi la voie de l'assimilation ou du compagnonnage associatif, alors que, derrière la chaleur étudiée des toasts, on devrait deviner leur détermination froide et arrêtée de construire et d'introduire le cheval de Troie de leur propre puissance.

Quand on ne craint pas de regarder sans a-priori leur autoritarisme de moins en moins discret, on s'aperçoit rapidement qu'ils ajoutent à cette ambition un immense mépris des sociétés occidentales, qu'ils jugent d'une dérisoire légèreté ou d'une inconséquence proche de l'infantilisme. Une haine silencieuse, aussi, puisqu'ils ont la conviction, malheureusement vérifiée, que beaucoup d'Occidentaux pensent pouvoir continuer à les manipuler par des sourires de façade qui cachent un dédain roussi de vieilles lunes.

Ainsi donc, la haine et le mépris sont les deux principaux arsenaux où les pays émergents fabriquent et réunissent les munitions et les armes de l'affrontement avec l'Occident et, notamment, avec la nation qui l'a jusqu'ici piloté au bénéfice exclusif de sa stratégie financière et industrielle.

En conséquence, dans sa configuration actuelle, le capitalisme conduit l'Occident à une double déflagration, une implosion par combustion interne des toxines qu'il produit, une remise en cause radicale de son pouvoir par les pays qu'il a depuis si longtemps humiliés.

Et, aussitôt, des questions fondamentales assaillent l'esprit.

Les États-Unis, dont la puissance *quantifiable* restait colossale avant le traumatisme des *subprimes* mais qui avaient déjà commencé dans le secret de leurs profondeurs un déclin sans doute irréversible, peuvent-ils éviter le désastre qui les guette ?

Désormais, en effet, le pays est endetté au-delà de ses capacités de production et, de ce fait, la

Federal Reserve System (FED) est obligée de créer artificiellement de la monnaie par le canal du système bancaire. Elle met donc en circulation une masse de plus en plus importante de dollars. Comment cette obésité prononcée, pouvant s'apparenter à une sorte de cancer généralisé, n'aboutirait-elle pas à plus ou moins court terme à une dévaluation importante du dollar sur le marché international ?

Sans reprendre ici la chronologie détaillée des opérations du Trésor et les différents niveaux du déficit budgétaire et de la dette américaine au cours des années 2010 et 2011, le montant de cette dernière se situait, selon le site Wikipédia, à 15 033,6 milliards de dollars le 15 novembre 2011 et à 16 199 milliards de dollars le 29 octobre 2012, en rappelant qu'à cette date, le plafond autorisé par le Congrès s'élevait à 16 394 milliards de dollars.

Trois mois après, le 11 février 2013, l'écrivain et économiste français Jacques Attali intervenait, sur son blog dans l'hebdomadaire *L'Express*, sous un titre dénué d'ambiguïté : « Les États-Unis sont en faillite ». « [...] Dans la meilleure hypothèse, la dette publique américaine sera de 20 000 milliards de dollars en 2018. Et plus vraisemblablement de 22 000 milliards de dollars. [...] Et c'est donc avec du papier, sans valeur autre que celle que veulent bien lui accorder ceux qui ont besoin d'eux, que les États-Unis continueront de financer leur armée, leur santé, leur administration. [...] le dollar ne tient que par ceux qui veulent bien maintenir leurs réserves dans cette monnaie. »

Va survenir, quelques mois plus tard, la tragi-comédie qui trouvera son épilogue le 17 octobre 2013. Pendant deux semaines, le président des États-Unis, soutenu par le Sénat mais durement contré par la Chambre des représentants, aura dû se battre pour que le Congrès consente à un relèvement de la dette publique à hauteur de 16 700 milliards de dollars. N'était-il pas contraint, le 1er octobre 2013, de recourir au *shutdown* (cessation du paiement du salaire des fonctionnaires de certaines administrations jugées « non essentielles »), une fermeture qui touchait, en l'occurrence, 800 000 personnes mises en congé sans solde et, sans garantie de paie rétroactive – même si, lors des précédentes « fermetures », cette rétroactivité avait été votée par le Congrès ? Il n'obtenait finalement de celui-ci qu'un accord assorti d'une autorisation limitée au début de l'année 2014 mais qui permettait, outre la réouverture des services fédéraux, le relèvement du plafond de la dette sans lequel les États-Unis risquaient à très court terme de devoir affronter l'état de cessation de paiement.

La secousse avait toutefois traumatisé à tel point les parlementaires que la Chambre des représentants, le mardi 11 février 2014, suivie du Sénat dès le lendemain, autorisaient le gouvernement fédéral à augmenter le plafond de la dette, à cette date d'un montant de 17 211 milliards de dollars[1] (soit près de 105 % du PIB), en empruntant sans limite et sans revenir devant le Congrès, jusqu'au 15 mars 2015. Avec cette précision que le plafond serait « réactivé » au 16 mars 2015 au niveau atteint par la dette à cette époque. En outre, cet accord équivalait mathématiquement, non seulement à adopter les budgets des exercices 2014 et 2015, mais aussi à constater que l'instauration d'un plafond n'avait « jamais empêché le creusement du déficit public et l'augmentation mécanique de la dette[2] ».

Dès lors, les États-Unis se trouvent, sans recul, confrontés à une situation qui engage, à travers eux, la totalité de la planète.

À la fin de chacun des exercices futurs, la dette complémentaire ne pourra pas ne pas être, selon toute vraisemblance, d'un montant au moins égal à plusieurs centaines de milliards de dollars. Et son financement obligera le gouvernement fédéral, soit à recourir à des expédients soi-disant temporaires mais pénalisants à moyen terme car il lui faudra faire fonctionner la planche à billets pour injecter

---

1. Au 31/12/2014, ce montant, augmentant en moyenne de 2,08 milliards de dollars chaque jour, a dépassé 18 000 milliards de dollars.
2. *L'Express* avec *L'Expansion*, ladepeche.fr du 12/02/14.

massivement des liquidités dans l'économie, soit à émettre sur le marché, comme le Congrès le lui a permis en février 2014, un emprunt d'une ampleur pratiquement équivalente à la dette supplémentaire nécessaire.

Par quels États cet emprunt sera-t-il couvert, aujourd'hui que le Japon, dont les banques privées détiennent d'ores et déjà près de 500 milliards de dollars d'obligations du Trésor américain, sera dans l'incapacité d'y répondre à la suite de la catastrophe de Fukushima ct que la Banque centrale européenne serait elle-même impuissante, en raison de ses conditions actuelles de fonctionnement et de ses capacités financières, à intervenir à une hauteur suffisante.

Le site du *Figaro* du 16/10/2013 donnait à ce propos d'utiles précisions : « La banque centrale chinoise est la plus exposée des banques centrales du monde à la dette publique américaine : 1 271 milliards de dollars d'obligations du Trésor. Les banques privées françaises sont les plus exposées de la zone euro, elles détiennent 197,76 milliards de dollars de titres de la dette publique américaine – y compris la Fed – [...] les banques privées allemandes sont dix fois moins exposées (18,5 milliards de dollars). En Europe, c'est la Grande-Bretagne qui détient le plus de dettes américaines (261 milliards) suivie par la Suisse (125,9 milliards). »

C'est donc la Chine qui, pour avoir financé au cours de ces dernières années le déficit public américain, détient aujourd'hui dans une forte proportion les plus importants actifs en dollars. La Chine est ainsi assise sur la montagne que constitue désormais la dette américaine. Pourquoi serait-il dès lors interdit d'envisager que, dans cette situation très préoccupante pour elle, la Chine ne puisse pas, dans les temps à venir, abandonner le dollar comme monnaie de référence pour y substituer une monnaie basée sur le yuan, sur l'or, et éventuellement élargie à un ou deux autres pays de la zone asiatique ? La Chine n'a-t-elle pas d'ailleurs d'ores et déjà créé sa propre agence de notation (Dagong) pour juger elle-même de la qualité de la signature des États et les notations de cette agence ne sont-elles pas notablement différentes des estimations publiées par les trois agences américaines qui servent actuellement de référence ?

Si l'on en croit ces chiffres et ces prévisions, il est aujourd'hui très difficile de ne pas prévoir à très moyen terme une forte dépréciation du dollar consécutive à la hausse importante des taux d'intérêt qui sera imposée aux États-Unis par des prêteurs (éventuels).

Si l'hypothèse de l'abandon par la Chine du dollar comme monnaie de référence devait se produire – elle apparaissait possible dès le début de l'année 2011 – les fonds de pension étatsuniens qui ont amassé d'énormes capitaux, seraient certainement dans l'obligation, soit de transformer en une autre devise un large pourcentage de leurs actifs aujourd'hui exprimés en dollars, ce qui provoquerait une évidente et durable accélération du mouvement, soit de se déclarer incapables de répondre aux engagements qu'ils ont pris sur le long terme et, par conséquent, de provoquer dans le même temps l'affaissement du régime américain de retraite par capitalisation.

*

Plusieurs observations viennent compléter le tableau.

Dans l'hypothèse très probable où le gouvernement fédéral se trouverait, à plusieurs reprises, dans la nécessité de demander au Congrès d'augmenter le plafond de la dette publique dans les mois et les deux années qui suivraient l'expiration de l'autorisation qui lui a été accordée jusqu'au 15 mars 2015, Barak Obama, face à un Congrès que les Républicains contrôlent depuis le 4 novembre 2014 aussi bien au Sénat qu'à la Chambre des représentants, sera chaque fois contraint à des concessions qui ruineront définitivement ses quelques tentatives de réforme et, notamment, celles relatives à la santé. Que restera-t-il, en définitive, de cette présidence qui, à l'origine, avait suscité, notamment dans les populations défavorisées ou en proie au doute, un immense espoir mondial ?

Cette autorisation obtenue en contrepartie de ces abandons, le gouvernement fédéral sera, en tout état de cause, dans l'obligation de choisir entre Charybde et Scylla.

S'il décidait d'émettre de très considérables liquidités au lieu d'emprunter, et si la FED devait, pour tenter d'échapper à l'étau de la « planche à billets », remonter ses taux d'intervention, aussitôt serait attaqué le potentiel de croissance de la nation et, donc, de la totalité de ses acteurs économiques. De ce fait, l'économie américaine risquerait fort une entrée en récession et s'enclencherait automatiquement l'augmentation sensible du coût de la dette au travers des émissions obligataires de l'État.

S'il décidait de se tourner vers des emprunts dont le montant ne pourrait pas ne pas être également colossal, vers qui pourrait-il se tourner sinon principalement vers les pays qui sont aujourd'hui ses créanciers, notamment la Chine ?

La proposition de la Chine de soutenir l'État grec et les graves crises financières éprouvées par plusieurs pays européens, dont l'Irlande, le Portugal, l'Espagne, l'Italie et, bientôt, sans doute, la France, ne constituent-elles pas les prémices d'un « plan Marshall » chinois dont la version pourrait atteindre rapidement une envergure mondiale ? La

Chine n'a-t-elle pas déjà commencé de prendre possession des ressources minières de l'Afrique noire, la porte ayant été ouverte, en ce qui concerne les pays francophones, par la soi-disant « décolonisation gaullienne » de l'année 1960 et, pour les pays anglophones, par la satellisation de l'Angleterre par les États-Unis ?

Pourquoi repousserait-on dès lors, à plus ou moins long terme, l'hypothèse d'une « marshallisation » de l'économie américaine par la Chine, avant qu'une nouvelle puissance dominante (l'Inde) ne vienne à son tour, quelques décennies plus tard, remplacer ou compléter cette première version de type chinois ? Comment cette « marshallisation » pourrait-elle ne pas s'accompagner d'un abandon du dollar comme monnaie de référence, provoquant l'éventuelle déroute déjà envisagée des fonds de pension étatsuniens ?

*

Après ce regard sur les États-Unis, notamment face au surgissement de la Chine, il est logique et indispensable de revenir vers l'Europe.

Pendant longtemps, jusqu'au début des années 2000, l'Allemagne est apparue moins atteinte économiquement que n'importe quel autre pays européen car elle était encore largement adossée au

« capitalisme rhénan », selon l'expression de Michel Albert[1] dans son ouvrage de 1991, *Capitalisme contre capitalisme* (Éd. du Seuil).

Après avoir rappelé les ressorts sur lesquelles s'appuyait le capitalisme américain, n'ayant d'autre référence que celle à l'argent-roi, il définit, par opposition, « le capitalisme rhénan » comme beaucoup moins inféodé au marché financier.

S'il est vrai que le « capitalisme rhénan », tel que le décrivait Michel Albert, apparaissait, à l'époque, éloigné du type de celui développé et imposé au cours de ces dernières décennies par les États-Unis, il est cependant impossible de continuer à penser que l'Allemagne, la première puissance économique d'Europe, aura su, notamment depuis le début des années 2000, préserver le « capitalisme rhénan » dans ses principes et préceptes fondamentaux. L'Allemagne n'a-t-elle pas instauré et légalisé la précarité dans l'emploi et une insuffisance chronique du salaire des masses ouvrières ? N'impose-t-elle pas aux autres pays européens, comme une loi « sans alternative », l'absence de solidarité, la rigidité d'analyses figées

---

1. Michel Albert a été successivement Commissaire général au Plan et l'un des neuf premiers « sages » qui ont composé le Conseil pour la politique monétaire de la Banque de France. Il est membre de l'Académie des sciences morales et politiques dont il a été le secrétaire perpétuel jusqu'à une date relativement récente.

par un hégémonisme renaissant sous des dehors assouplis et amortis ?

Veut-on une preuve que l'Allcmagne a abandonné le capitalisme rhénan pour lui substituer progressivement une politique qui semble relever directement de l'autorité de l'État, puisqu'on a inventé, pour la nommer, le néologisme d'ordo-libéralisme, alors que cette politique répond, en fait, aux exigences de multinationales dont les mécanismes sont dorénavant analogues à ceux selon lesquels fonctionnent les grandes entrcpriscs anglo-saxonnes ? Le gouvernement fédéral, qui réunit depuis les dernières élections législatives de septembre 2013 des ministres membres des deux principaux partis du pays (un gouvernement donc de coalition), a pris, peu de temps après sa formation, « l'initiative », aussitôt « félicitée » par le président américain, de proposer aux États-Unis d'entamer des pourparlers en vue de rapprocher la vision commune qu'ils pourraient dégager et les mesures qu'ils pourraient ensuite développer.

Cette « initiative » n'est-elle pas, sous l'apparence d'une ouverture novatrice de l'Europe vers les États-Unis, un geste qui, en évidente concertation avec l'Union européenne (UE), la Banque centrale européenne (BCE) et le Fonds monétaire international (FMI) – la troïka –, est destiné à sortir enfin de l'ombre le projet d'un grand marché atlantique enveloppant dans ses filets près de 900 millions d'habitants ? Un projet longuement élaboré dans les coulisses puisqu'il est préparé depuis une dizaine d'années par des « experts » des deux bords, et que ses promoteurs voudraient voir aboutir au cours de l'année 2015. Un projet que l'Assemblée nationale française vient de soutenir en se prononçant contre une suspension des négociations, proposée par la gauche radicale dans l'espoir d'un référendum qui en soumettrait le principe aux peuples rassemblés dans l'Union européenne. Que se profile-t-il derrière ce projet sinon le fantasme, surréaliste et pernicieux de quelques « élites », d'un gouvernement mondial exonéré par nature et par définition de tout contrôle et de la moindre sanction, voué donc à l'irresponsabilité ? Le fait qu'on n'en connaisse aujourd'hui que très peu des dispositions, déjà arrêtées ou en voie de l'être, est la preuve qu'à l'instar des traités européens, celui-ci échappera dans ses diverses applications à l'assentiment des populations auxquelles il s'imposera. Ce grand marché transatlantique comporterait un ensemble de modalités économiques, par référence à la doctrine d'un vaste espace de libre-échange. L'homme politique français Jean-Luc Mélanchon, interviewé sur la chaîne BFM-TV le 21 avril 2014, l'accusait d'être « dérégulé sans droits de douane et sans barrières à la circulation des capitaux et des marchandises, (et d'avoir été) voté par le Parlement européen il y a quelques mois dans la plus grande discrétion ». Ensuite, abordant le politique, les textes en préparation évoqueraient, selon le sociologue Jean-Claude Paye[1], « la création d'une aire de coopération transatlantique en matière de liberté, de sécurité et de justice », s'étendant, par conséquent, à une collaboration policière, militaire et judiciaire appuyée « sur la primauté du droit américain ». Ce qui a amené Pierre Hillard, professeur de relations internationales à l'École supérieure du commerce extérieur (ESCE) à s'exclamer : « l'idée, si souvent avancée par nos politiques, d'une Europe-puissance, qui ferait contre-poids aux États-Unis, c'est de la foutaise, c'est un mensonge énorme[2] ».

Quelles seront les conséquences à moyen terme de ce « grand marché atlantique » lorsqu'il sera promulgué ? Et il le sera si les peuples européens ne se soulèvent pas massivement et avec détermination contre sa signature.

Un regard sur le passé récent apporte la réponse. En mai 2005, les Français avaient refusé le traité constitutionnel européen qui leur était soumis. Or, le 13 janvier et le 9 juin 2005, le Parlement européen votait des résolutions appelant à la création d'une « Assemblée transatlantique » réunissant les membres

---

1. Le journal *L'Humanité* du 15 décembre 2008.
2. Déclarations reprises par le site AgoraVox du 4 mai 2009.

du Parlement européen et des différents parlements
nord-américains. Se référant à ce vote, le précédent
président de la République française s'était lui-même
directement impliqué dans l'adoption, le 13/12/2007,
du traité de Lisbonne cosigné, au mépris de la volonté
populaire, par les chefs d'État ou de gouvernement
des vingt-sept pays à l'époque membres de l'Union
européenne alors qu'il « n'était pourtant que la copie
conforme du Traité constitutionnel refusé[1] ».

Le nœud gordien qui va bientôt achever d'étrangler l'Europe trouve son explication dans le fait que
les États-Unis sont désormais confrontés à deux
angoisses majeures. La première, la détérioration de
leur économie, l'érosion constante depuis plusieurs
décennies de l'autorité d'un gouvernement fédéral
surendetté, encombré de politiciens sans envergure
ou décevants, notamment d'une opposition républicaine regroupant les hommes qui assurent la main-
mise sur l'État de multinationales surpuissantes. La
seconde, la hantise de ne pouvoir dominer encore
longtemps la scène mondiale en raison du surgissement de la puissance chinoise, principale créancière
de la dette américaine, une hantise provoquée par
la peur du déclin et de la chute. Pour contrer cette
puissance chinoise en constante accélération, les

---

1. De l'aveu même d'un autre ancien président de la
République française.

multinationales étatsuniennes, qui ont infiltré les grandes entreprises européennes dont elles détiennent souvent la majorité ou dont elles infléchissent les décisions, obligent le gouvernement fédéral et la haute administration de l'État à vouloir disposer de l'Union européenne dans la stratégie géopolitique qui leur permettra de développer un marché « transatlantique » dont les États-Unis auront la gouvernance. Un marché qui, fonctionnant selon les normes américaines, garantira, grâce à un marketing approprié, l'écoulement des produits américains, et imposera à l'Europe et à ses populations, dans les domaines militaire, judiciaire, social, de privilégier des orientations et de suivre des chemins qui procéderont d'une politique d'affrontement et d'encerclement générée par la peur d'une décadence que l'on pressent inévitable.

En France, sont à cet égard très révélatrices les attaques contre le Code civil et contre les professions réglementées, notamment le notariat, commencées sous le précédent quinquennat et poursuivies sous le quinquennat actuel, le processus devenu irréversible après le vote, le 28 mars 2011, de la loi (dite) de modernisation des professions judiciaires et juridiques.

L'Assemblée nationale, par un vote du 16/04/14 passé inaperçu, a autorisé le gouvernement français à réformer *par voie d'ordonnance* le droit des contrats, passant outre un vote négatif du Sénat le 23/01/14 et un avis contraire, le 19/02/14, de la Commission des lois de l'Assemblée nationale. Cette « réforme », très sévèrement critiquée par de nombreux et éminents professeurs de droit, vise 306 articles, soit de l'ordre de 20 % du Code civil, et le fait que le gouvernement, refusant tout débat de fond, veuille procéder par ordonnance est le signe de l'assujettissement de l'État français à une puissance extérieure mais aussi de la crainte d'une opposition intérieure qui, de déceptions en mépris, se renforce sans cesse.

S'il ne nous appartient pas de défendre ici les intérêts corporatistes des notaires, quelques paragraphes suffiront à mettre en relief l'enjeu géopolitique que représente la remise en cause du statut du notariat. Dans l'inconscience de la très grande majorité de la population française qui s'apercevra trop tard combien elle en souffrira dans l'organisation de sa vie personnelle et familiale, se prépare, en effet, un changement de route à angle droit de la société française en raison de l'inconséquence, de l'aveuglement et de *l'esprit de soumission* des deux présidences successives de la République au cours de cette dernière décennie, comme de leurs entourages respectifs.

Depuis deux siècles, le statut du notariat français relève de la loi de Ventôse, promulguée sous le Consulat de Bonaparte le 21 mars 1804 (30 ventôse an XII), et nourrie de l'esprit et de la lettre du Code civil. Aux termes de cette loi, les notaires sont des officiers publics ministériels nommés par le ministère de la Justice. Ils officient, de ce fait, au nom de la République française et du peuple français. Dès lors, les actes qu'ils signent, conférant à la volonté des parties une date certaine, comme une force probante et exécutoire ayant la force d'un jugement, acquièrent la même valeur qu'une loi. À titre d'exemple, l'acquisition d'un bien immobilier, aujourd'hui obligatoirement intervenue devant notaire, acquiert la valeur d'une loi de la République française, inscrite comme telle à un fichier national.

Au contraire, dans les pays anglo-saxons, et notamment aux États-Unis, faute d'officiers publics, les transactions sont instruites et conclues par des avocats, *lawyers* aux États-Unis, *sollicitors* en Angleterre, qui se réfèrent exclusivement à une jurisprudence dont les fluctuations et les contradictions obéissent généralement aux groupes de pression et aux lobbyes qui, au final, imposent leur loi, la loi de l'argent. C'est ainsi qu'aux États-Unis, les *lawyers* provoquent une explosion dévastatrice de procès souvent surréalistes et même farfelus, au terme desquels, la plupart du temps, triomphe la partie qui possède les plus confortables moyens financiers et bénéficie de l'espace relationnel le plus influent – à l'exception de quelques cas qui, compte tenu de l'écho qu'ils propagent dans un vaste public, peuvent faire l'objet d'un soutien médiatique.

C'est une loi, votée le 28 mars 2011 par une Assemblée nationale soucieuse de répondre à la volonté du président de la République de l'époque, comme aux propositions des rapporteurs qu'il avait désignés en sachant combien il partageait ses partis-pris, qui a ouvert la porte à une déconstruction progressive et, au final, dans quelques années au plus, à la disparition de la fonction d'officier public en France, en lui substituant, *de facto* sinon *de jure*, une profession unique du droit dissimulée dans un premier temps sous diverses tentures. Comment aurait-on pu en effet, sans devoir affronter de fortes oppositions, appeler d'emblée par son nom cet assemblage de deux métiers, le métier d'avocat et celui de notaire, aussi nécessaires l'un que l'autre à la vie citoyenne, mais rigoureusement antinomiques dans leurs principes et préceptes fondamentaux d'intervention. Le notaire se doit d'être impartial, il authentifie en un seul acte la volonté des parties qui s'en trouve définie, organisée et pacifiée. L'avocat est obligé de choisir son camp et de développer une argumentation susceptible, soit d'emporter la conviction du tribunal, soit de persuader la partie adverse d'accepter un compromis au bénéfice de son client.

C'est pourtant une cohabitation entre les deux professions que cette loi, sous différentes formes d'association, avait pour but d'instaurer.

Le paysage juridique, social et culturel s'en trouvait d'autant plus bouleversé que les sociétés dites d'exercice libéral ainsi créées pouvaient également, et la loi encourageait les professionnels des deux bords à s'y engager, à ouvrir leur capital à des cabinets extérieurs, notamment anglo-saxons, au sein de sociétés interprofessionnelles de participations, balayant une culture et une organisation sorties du Code civil pour les remplacer par des démarches et des méthodes diamétralement opposées.

Poursuivant la même politique d'abandon que son prédécesseur en appelant de ses vœux le marché atlantique qu'il aura sans doute la charge de faire adopter, les projets mitonnés par le nouveau président de la République et les ministres qui l'entourent s'inscrivent et s'emboîtent dans cette loi du 28 mars 2011 qui contenait en germe le tissu applicatif subséquent. Un rapport, rendu public en septembre 2014, a donc été ordonné à l'Inspection générale des finances (IGF) sur lequel, un mois plus tard, se sont appuyées les conclusions d'une (première) mission parlementaire auprès du ministère de l'Économie, de l'Industrie et du Numérique.

De ces deux rapports, nous ne retiendrons que les préconisations qui, si elles étaient adoptées, rendraient le processus irréversible – et elles le seront car une loi, dite loi Macron du nom du ministre qui a « initialisé » la mission parlementaire, imposée au

forceps[1] par l'Assemblée nationale le 17 février
2015, en reprend dès maintenant certaines des
dispositions. Une étape de plus sur un parcours
dont il est inutile d'espérer qu'il n'aille pas, au
maximum dans les cinq ans à venir, jusqu'à son
aboutissement. Des dispositions noyées sous un
fatras de mesures disparates dont le gouvernement
et ses affidés espèrent qu'elles désorienteront et
« fatigueront » suffisamment l'opinion pour que
celle-ci se focalise sur des aspects secondaires
dont certains sont déjà entrés en application tant
ils s'inscrivent dans la cohérence du capitalisme.
C'est ainsi, par exemple, que la loi ouvre grande la
porte au travail le dimanche, les limitations qu'elle
stipule étant concrètement appelées à disparaître
dans un futur proche.

Enfin, comment ne pas se surprendre à sourire
quand on voit « le second parti de gouvernement »,
coincé dans une opposition formelle et électoraliste,
déposer une motion de censure contre le gouvernement, c'est-à-dire contre la mise en œuvre d'une loi
dont la plupart des textes ne peut que satisfaire le
« libéralisme » congénital, doctrinaire et structurel

---

1. Le gouvernement a dû avoir recours aux dispositions
de l'article 49-3 de la Constitution selon laquelle la loi est
adoptée si une motion de censure déposée dans les vingt-
quatre heures n'est pas votée par l'Assemblée nationale.

de la droite classique qu'il est censé représenter. Il est vrai que personne ne doutait du rejet de la motion de censure et, par conséquent, de l'adoption de la loi. D'un bord à l'autre de l'hémicycle, la guignolade habituelle.

Sous couvert d'accueillir dans le notariat de jeunes détenteurs du diplôme adéquat, le nombre actuel des notaires étant jugé insuffisant pour « optimiser le maillage territorial », la création de nouveaux offices, leur localisation, la nomination des notaires seraient détachées du cadre réglementaire jusque-là réservé au seul ministère de la Justice, pour les transférer à une instance placée sous l'autorité du Premier ministre, le ministère de la Justice étant réduit à la validation de mesures élaborées en dehors de son intervention directe. La route est tracée pour se diriger inéluctablement vers une liberté d'installation totalement contraire à la mission et à la déontologie d'un officier public. Une mission et une déontologie qui doivent être rigoureusement encadrées, cet officier public agissant au nom de l'État. En outre, cette liberté d'installation s'accompagnera d'une inéluctable libéralisation des honoraires qui achèvera de transformer le notaire français, contrairement à sa culture millénaire, en un avocat inadapté à ses nouvelles fonctions.

Le rapport de l'IGF, ne voyant aucune raison à ce que l'authenticité soit réservée aux seuls notaires, préconise de permettre aux avocats de rédiger, dans le domaine immobilier (d'abord), des actes ayant la même force que ceux instrumentés par les notaires. Une faculté que la mission parlementaire estime cependant bienséant de recouvrir du manteau d'une hypocrisie qui sera sans doute abandonnée dès que l'opération, dans quelques années, sera considérée comme stabilisée. En effet, pour être validés et enregistrés, les actes établis par les avocats devraient être authentifiés par la signature d'un notaire. Pourquoi l'avocat ne choisirait-il pas le notaire qui lui apparaîtrait, en raison de sa souplesse d'échine et de comportement, le plus apte à accepter la rémunération la plus modique ? L'Autorité de la concurrence ne devrait-elle pas, en une telle occurrence, s'inquiéter en priorité de l'instauration structurelle d'une concurrence déloyale entre des officiers publics dont le statut, s'il était respecté et maintenu, ne pourrait qu'exiger la stricte application d'un barème d'honoraires identique pour tous les notaires et pour tous les clients ? Or, cette Autorité serait en réalité chargée de donner son avis sur des tarifs qu'elle plafonnerait en considération « des coûts du service rendu » – des coûts et un service évalués selon quelles normes ?

Bientôt, ces projets qui s'insèrent dans la logique du capitalisme, seront entrés en application. Le monde occidental, américanisé, se sera privé d'une œuvre universelle, le Code civil, dont la Chine s'inspire depuis plusieurs années pour organiser et promouvoir sa puissance. En veut-on une preuve ? Une loi notariale, promulguée en août 2005, et fortement inspirée de la loi de Ventôse, est entrée en vigueur le 1er mars 2006.

Bientôt donc, les notaires auront cessé d'être des officiers publics écrivant la loi organique et fonctionnelle de la République. Ils seront devenus les tamponneurs d'actes établis en dehors d'eux par des avocats dont ils deviendront les sous-traitants, tous soumis à la prédominance, y compris capitalistique, d'un système juridique qui ravage de ses tares le monde anglo-saxon.

Bientôt aussi, et selon la cohérence propre à cette opération de mise en conformité avec la « loi » étatsunienne, la pharmacie indépendante se trouvera également confrontée à une concurrence *légalisée* qui conduira à sa suppression. Aujourd'hui confiées à des professionnels soucieux de répondre aux responsabilités que leur confère leur devoir de conseil, les officines de pharmacie seront disparues ou tombées sous la gouvernance de surpuissants laboratoires multinationaux décidés à s'ouvrir les portes des grandes surfaces de la surconsommation pour lesquelles le médicament deviendra un produit uniquement marchand.

Ainsi scra achevé, et bouclé dans les actes de la vie quotidienne, le processus d'américanisation de la France et, à travers elle, de l'Europe, à l'instant même

où les signes sont de plus en plus nombreux de la
décadence des États-Unis, de leur proche disparition
de première puissance mondiale au profit de la Chine
dont la culture millénaire plonge ses racines dans une
sagesse, un art de la relativité de la connaissance et
de la science, que l'Occident a toujours été incapable
de découvrir.

En réalité, que reste-t-il aujourd'hui du rêve
européen ?

Devant l'échec désormais évident de la tentative
d'intégration communautaire, les Européens ont-ils
encore une intelligence politique suffisante pour
constituer une fédération délivrée de l'étau et du
carcan de la pensée unique alors que, dans son état
actuel, l'Europe des vingt-huit ne représente plus
qu'un agglomérat artificiel encombré de projets
décalés ou fantasmagoriques, une non-existence
perverse et étouffante.

Comment l'Europe pourrait-elle s'avérer capable
d'un tel renversement copernicien alors qu'elle n'a
pas anticipé avec la lucidité nécessaire le surgissement de la Chine sur le plan international et qu'elle
continue à mésestimer le potentiel de domination
planétaire que ce pays de plus d'un milliard trois
cents millions d'habitants est désormais en mesure
d'affirmer ? Peut-elle acquérir la sagesse de se
tourner dès maintenant vers l'Inde, dont la culture

est profondément différente de celle de la Chine et dont la seconde partie du XXIe siècle devrait saluer l'entrée dans le très restreint peloton de tête du concert mondial ? Peut-elle, malgré la répugnance actuelle que peuvent inspirer un régime dictatorial et les blanchiments d'argent perpétrés par les oligarques qui en sont le fer de lance, prendre conscience que la Russie deviendra dans les décennies à venir une puissance de premier plan au niveau planétaire ?

En effet, le réchauffement climatique va permettre dans les temps futurs une exploitation de plus en plus intensive des très importantes ressources naturelles de la Sibérie, des ressources encore aujourd'hui mal connues ou ignorées. Ce phénomène renforcera d'autant plus la position de la Russie dans le monde que ce réchauffement autorisera l'ouverture de routes commerciales vers le continent américain, à travers l'Arctique, et vers la Chine au-delà de la Sibérie asiatique.

Un « grand marché atlantique », qui mettrait la Communauté européenne sous la domination des États-Unis et l'amènerait, de ce fait, à s'opposer à la Russie par le biais d'une (très éventuelle) intégration de l'Ukraine, constituerait une double faute politique d'une portée historique sans doute irrécupérable. D'une part, l'Europe ne devrait-elle pas, plutôt que d'agir sous l'impulsion d'un empire en déclin, se tourner aujourd'hui vers des alliances qui lui ouvriraient non seulement les routes de l'Asie, mais aussi celles du pourtour méditerranéen, du Moyen-Orient et de l'Afrique. D'autre part, les États-Unis, doutant d'eux-mêmes, ne s'enferment-ils pas de plus en plus, par peur de perdre leur *leadership*, dans la tunique de Nessus d'un « gendarme du monde » qu'ils n'ont plus les moyens d'assumer en raison de l'émergence de nouvelles lignes de force. Cette peur, les privant d'une intelligence prospective, les conduit à entraîner dans le sillage de leurs erreurs une Europe dont les intérêts majeurs sont devenus largement divergents. L'erreur, par exemple, de vouloir installer les bases de l'OTAN aux portes de la Russie en prenant le risque, non seulement de raviver les frustations russes, mais aussi de provoquer en Ukraine une guerre civile qui permettrait à la Russie de dégeler le glacis des anciennes républiques soviétiques. Un effet boomerang, un jeu auquel s'adonnent les apprentis sorciers maladroits.

*

Dans sa composition et son articulation actuelles, il est impossible de croire que l'Europe puisse trouver les ressources d'un renouveau politique dès lors que l'inertie et l'impéritie de ses gouvernements l'ont livrée depuis de nombreuses années à l'irresponsabilité autoritaire d'une technocratie dont les cadres, formés dans des écoles financées et contrôlées par le capitalisme, continuent à être fascinés par un mode de vie en perdition. Ces « élites » sont devenues imperméables à la moindre évolution des sensibilités de la Communauté européenne puisqu'elles sont exclusivement préoccupées de favoriser l'envahissement des toxines fabriquées, répandues ou même légiférées par les multinationales qui dominent la scène.

Les diverses positions de la troïka sur des problèmes d'une importance capitale pour l'Europe ne laissent pas, en effet, de provoquer la colère et le refus.

On sait que la dette de plusieurs pays d'Europe est aujourd'hui d'une telle importance qu'elle pourrait en acculer certains à la faillite et, simultanément, déstabiliser, et même faire exploser la monnaie communautaire, l'euro.

Que la BCE puisse se préoccuper de la situation financière de chacun des pays de la zone euro et qu'elle s'attache à organiser une relative mutualisation de leurs dettes sur l'ensemble de la Communauté, on peut difficilement le lui contester dans l'état actuel de ses attributions. Mais, sous le prétexte de ses prérogatives statutaires, n'est-elle pas depuis trop longtemps assujettie aux règles, ressorts et réflexes de l'hégémonie américaine pour pouvoir s'ouvrir à une indépendance d'esprit et de comportement ? Ne s'est-elle pas condamnée à un autisme qui lui impose de toujours suivre les rails d'un conformisme libéral qui ne sert que de couverture aux directives venues des États-Unis, du Fonds monétaire international et de la Banque mondiale ? Possède-t-elle encore la capacité de sortir de l'étranglement auquel l'a vouée une technocratie qui, depuis le début des années 2000, est également fascinée et phagocytée par une Allemagne qu'elle considère représenter le modèle que tous les États européens devraient adopter et suivre ? L'Allemagne ne s'est-elle pas pourtant tournée vers des pratiques monétaristes tellement stériles qu'elles sonnent le glas du rêve européen en acculant l'ensemble des populations ouvrières et des classes moyennes, y compris les siennes propres, à une austérité dont on ne peut que souhaiter qu'elle suscite un mouvement de révolte ? Le gouvernement allemand a-t-il lui-même, subjugué par ces impulsions séculaires, une pleine conscience des conséquences à terme des mesures qu'il instaure plutôt par réflexe conditionné qu'en s'appuyant sur la prise en compte de l'ensemble des paramètres sociaux et économiques qu'exige une stratégie adaptée à des problèmes d'une aussi primordiale gravité et complexité ?

En tout état de cause, l'Allemagne, après s'être trahie elle-même en abandonnant « le capitalisme

rhénan », est appelée à affronter dans les années à
venir des difficultés qui l'obligeront à d'éprouvantes
révisions structurelles et sociales. Dans son livre
Un voyage en Allemagne[1], le journaliste François
Roche relate l'entretien qu'il a pu avoir avec Ernst
Schmachtenberg, docteur en ingénierie mécanique,
directeur de l'université d'Aix-la-Chapelle, membre
de l'organisation TU9 (dont il est également le
président) regroupant les neuf plus importantes
universités techniques d'Allemagne chargées par le
gouvernement fédéral et les *Länder* « d'améliorer la
qualité de la recherche ». Ernst Schmachtenberg attaque d'emblée le très lourd déficit démographique
de l'Allemagne qui, depuis le milieu des années 60,
ne cesse d'être très largement en dessous du taux
de renouvellement de la population européenne
(de l'ordre de 2,1 enfants par famille), un déficit
qui ne pourra être comblé que par une importation
massive de compétences. Après avoir rappelé que
« la différence essentielle entre l'enseignement
technologique en Allemagne et en France est la
prise en charge presque totale de cet enseignement
par le secteur public en Allemagne et sa gratuité »,
le journaliste relève que « pour autant, le système
allemand ne parviendra pas à fournir à l'industrie

---

1. François Roche, *Un voyage en Allemagne*, Le Passeur
Éditeur, 2014.

les ingénieurs dont elle aura besoin dans les années à venir. [...] Selon les chiffres de l'Association des ingénieurs allemands [...] le taux de chômage des ingénieurs en Allemagne est actuellement inférieur à 3 %, (alors que) plus de 80 000 postes ne sont pas pourvus (dont près de la moitié dans l'ingénierie mécanique et électrique) [...] le chiffre devrait donc sensiblement augmenter dans les années qui viennent, ce qui explique que les entreprises allemandes recrutent de plus en plus d'ingénieurs étrangers ». Redonnant la parole à son interlocuteur, celui-ci répond sans hésiter que « dans l'enseignement technologique supérieur, la langue anglaise devrait progressivement supplanter l'allemand. Il prévoit qu'en 2017, la plupart des cours [...] seront dispensés dans la langue de Shakespeare et non plus dans celle de Goethe ».

Qu'ajouter à ce constat sinon que l'on peut espérer, et souhaiter, que cet afflux de compétences refusera la précarité qui permet aujourd'hui au gouvernement allemand d'afficher une compétitivité « en trompe-l'œil » et, aux thuriféraires de l'austérité, de s'y référer.

La chancelière allemande n'a-t-elle pas d'ailleurs elle-même sonné discrètement le tocsin en appelant les jeunes Africains à apprendre l'allemand pour venir exercer leurs talents « dans la première puissance économique de l'Europe » ?

Enfin, si l'on en croit les chiffres récemment communiqués[1], quelle est la différence, aujourd'hui, qui pourrait nettement distinguer, dans le domaine de la dette publique, la situation de l'Allemagne de celle des autres pays phares de l'Europe tels que nous allons maintenant les examiner en nous basant sur des analyses ou des déclarations dont la fiabilité ne semble pas contestable.

La dette publique de l'Allemagne, d'un montant, au 31/12/2013, de 2 147,028 milliards d'euros et, au 30/09/2014, de 2 155, 234 milliards d'euros, même si son pourcentage par rapport au PIB a été réduit à 78,40 % au 31/12/2013 et, au 30/09/2014, à 74,80 %, n'est-elle pas, comme celle des autres pays, en constante augmentation et largement au-dessus du plafond de 60 % du PIB fixé par Bruxelles ? L'actuel ministre des Finances de l'Allemagne n'avance-t-il pas, avec une conviction que la distance relativise fortement, que la dette publique du pays devrait revenir au seuil de 60 % en 2024, soit dans dix ans !

*

---

1. Toutes les données chiffrées qui vont suivre sur le montant de la dette, et son pourcentage par rapport au PIB de chaque pays cité, émanent de communications officielles d'Eurostat. Les chiffres au 31/12/2013 sont repris d'une mise à jour du 13 juin 2014, et ceux indiqués au 30/09/2014 d'une communication du 22 janvier 2015, la dernière à laquelle on pouvait se référer avant la mise sous presse de ce livre.

En date du 28/11/2013, le site Le Figaro.fr s'inter-
rogeait sur la Grèce en s'appuyant sur une communication de l'OCDE (Organisation de coopération
et de développement économiques) : « [...] l'OCDE
voit toujours la Grèce en récession en 2014, avec
une prévision de PIB en recul de 0,4 %, [...] la Grèce
devrait ainsi subir une septième année de récession
[...]. Pour sortir de cette spirale infernale, Angel Gur-
ria (le secrétaire général de l'OCDE) propose donc
de s'attaquer au nerf du problème, la viabilité de la
dette. [...] Malgré les efforts effectués par le pays
depuis quatre ans, la dette grecque dépassera 176 %
du PIB fin 2013, ce qui rend l'objectif de 124 % du
PIB en 2020 intenable compte tenu des tensions
sociales ». Et de citer alors Nikolaos Giorgikopoulos,
chercheur et professeur associé à l'université Stern et
observateur à l'OCDE : « L'idéal serait un *hair cut*
(une coupe) de 40 à 45 % sur les dettes publiques,
après celui sur les dettes privées effectué il y a deux
ans. » Le site commente : « Cette perspective n'est
pas exclue par le FMI mais est largement rejetée
par l'Allemagne qui préfère octroyer une nouvelle
tranche d'aide à la Grèce assortie de conditions draconiennes… »

Pour mémoire, la dette publique de la Grèce se
montait, au 31/12/2013, à 318,703 milliards d'euros,
soit à 175,1 % de son PIB et, au 30/09/2014, à
315,509 milliards d'euros, soit à 176 % de son PIB.

Heureusement, à l'occasion des élections législatives du dimanche 25 janvier 2015, le peuple grec, martyrisé depuis plus de quatre ans par la politique d'austérité voulue par l'Allemagne et imposée par la troïka, a retrouvé ses lointaines racines et exprimé sa révolte. Il a propulsé sur le devant de la scène un nouveau Premier ministre, leader de Syriza, coalition de la gauche radicale, qui devra, s'il veut conserver la confiance et le soutien de ceux qui l'ont élu, ne se prêter à aucune concession qui serait aussitôt interprétée comme le signe d'un abandon dont tant d'autres en Europe, et notamment en France, se sont rendus coupables.

Pour se donner les moyens de contrer son premier adversaire, la troïka, il lui faudra aussi, et simultanément, avoir le courage et l'intelligence de négocier, d'une part, avec les armateurs grecs qui naviguent sous pavillon étranger, le rapatriement des capitaux qu'ils abritent aujourd'hui dans les paradis fiscaux, d'autre part, avec l'Église orthodoxe, le paiement des impôts dont celle-ci doit elle-même s'acquitter.

S'il engage les actions qu'il lui revient de mener et de faire aboutir, on peut espérer que d'autres peuples européens empruntent la même voie, ceux de l'Espagne, du Portugal, peut-être de l'Italie, et, pourquoi pas, de la France, permettant enfin à l'Europe de se débarrasser des carcans qui l'asphyxient et de retrouver une vigueur et un souffle.

C'est en affirmant sa détermination et en prouvant sa solidité, qu'il obtiendra, à titre d'exemple et de symbole, un *hair cut* de la dette grecque au moins égal au pourcentage de 45 % évoqué par Nikolaos Giorgikopoulos, ouvrant enfin la porte à l'élimination de l'alibi destructeur de « la dette ».

S'il se compromet dans les discussions dilatoires et les dérives qu'aussitôt après son entrée en fonction on lui a proposées, s'il se soumet aux menaces et aux rodomontades proférées par la BCE dans les quinze jours qui ont suivi son élection, il décevra cruellement l'ensemble de ceux, en Grèce ou en Europe, à qui sa victoire avait insuflé un espoir. Dès lors, son échec livrera définitivement au désenchantement les populations placées, avec la complicité de leurs instances nationales, sous la dépendance d'un atlantisme dictatorial sans autre perspective que celle d'une obésité spéculative chaque jour plus prononcée.

*

La situation actuelle du Portugal apparaît à ce point semblable à celle de la Grèce que son examen par une voix autorisée en devient prémonitoire pour certains autres pays européens.

Le 10 décembre 2013, Cristina Semblano, une économiste qui enseigne l'économie portugaise à l'université de Paris IV Sorbonne, prononçait, dans le journal *Libération*, un réquisitoire qui résume le désastre économique qu'affronte aujourd'hui ce pays et met l'accent sur les souffrances qu'endurent (la majorité de) ses habitants : « Le Portugal est un pays exsangue. Le chômage officiel, qui approchait les 20 %, a diminué ces deux derniers trimestres "à la faveur" d'une baisse de la population active. Celle-ci est le fruit d'une émigration de masse dont les flux atteignent, voire dépassent, ceux des années 60 qui avaient vu un grand exode des Portugais, fuyant la misère, la dictature et la guerre coloniale (la moitié des chômeurs ne bénéficie pas d'allocation chômage et on compte par milliers les exclus du revenu mini-mum d'insertion, des allocations familiales ou du complément social vieillesse). [...] Le Portugal est ce pays où l'on peut dire, avec la précision d'une expérience menée en laboratoire, que les milliards d'euros de sacrifices imposés à la population n'ont eu aucun effet sur la dette dont la progression est vertigineuse ni sur le déficit, systématiquement revu à la hausse à chaque évaluation de la troïka. C'est pourtant muni des résultats de cette expérimentation que Lisbonne vient de présenter le budget le plus austère de l'histoire de la démocratie depuis 1977. L'ajustement budgétaire représente 2,3 % du PIB et se fait essentiellement par la ponction directe sur les salaires des fonctionnaires et sur les retraites de la fonction publique. [...] Alors que les seuls

fonctionnaires et retraités de la fonction publique
contribuent pour 82 % à l'effort de guerre de 2014,
il n'est demandé aux banques et aux monopoles
de l'énergie qu'une contribution exceptionnelle de
4 %, et le gouvernement s'est même donné le luxe
de baisser de deux points l'impôt sur les sociétés
qu'il vise à ramener à 19 %, voire 17 %, en 2016,
dans le respect du sacro-saint principe néolibéral
de création d'un climat propice à l'investissement.
Il y a d'autres gagnants de la crise, à commencer
par les créanciers auxquels il est destiné, en 2014,
au titre des intérêts, un "magot" équivalent au budget de la santé. C'est pour ces créanciers que des
sacrifices sont demandés au peuple de l'un des pays
les plus pauvres et les plus inégalitaires de l'UE.
C'est pour eux que l'on ferme des écoles, que l'on
rationne des médicaments, qu'on limite l'accès
aux soins de santé d'une partie de la population
et que l'on vend aux enchères des biens publics.
Les politiques d'austérité violentes s'entretiennent
d'elles-mêmes : elles génèrent leur propre intensi-
fication, censées remédier aux déficits qu'elles ont
contribué à creuser. [...] la dette portugaise n'est
raisonnablement pas remboursable [...] même si les
experts du FMI insistent sur la nécessité de baisser
le salaire minimum du Portugal qui est de 485 euros
brut par mois, soit l'un des plus bas de la zone euro
et de l'UE. »

La dette publique du Portugal s'est en définitive élevée au 31/12/2013 à 213,631 milliards d'euros, soit à 128,9 % de son PIB et, au 30/09/2014, à 228,360 milliards d'euros, soit à 131,4 % de son PIB.

*

Après le Portugal cloué au sol par une « austérité criminelle[1] », qu'en est-il de son voisin, l'Espagne ?

Le 13 septembre 2013, le site Le Monde.fr se faisait l'écho d'une communication de la Banque d'Espagne annonçant que la dette publique espagnole atteignait désormais 92,2 % du PIB, soit une augmentation de 14,7 % par rapport à la même période de 2012.

Le 30/09/2013, le même site poursuivait : « Les chiffres de la dette publique espagnole, lors de la présentation lundi 30 septembre au Parlement du projet de budget 2014, sont bien supérieurs aux prévisions précédentes et devraient frôler les 100 % du PIB dès 2014. [...] Le gouvernement mise désormais sur une dette à 99,8 % du PIB à la fin 2014 [...] Madrid estime que le taux de chômage atteindra 25,9 % l'an prochain. »

---

1. Mário Soares, élu par deux fois président de la République portugaise, dans un article paru dans le journal *Diário de Notícias* le 21 mai 2013, repris dans son ouvrage *Portugal, état d'urgence* publié la même année aux Éditions de la Différence.

La dette publique de l'Espagne s'élevait au 31/12/2013 à 960,666 milliards d'euros, soit à 93,9 % de son PIB et, au 30/09/2014, à 1020,236 milliards d'euros, soit à 96,80 % de son PIB.

*

Le 15/11/2013, le site Les Echos.fr alertait l'opinion sur la dette publique de l'Italie qui « selon les prévisions de la Commission (européenne), publiées le 5 novembre, devrait atteindre 134 % du PIB l'an prochain, un niveau record pour ce pays, et la deuxième dette la plus élevée de la zone euro après celle de la Grèce ».

Des chiffres qui semblent devoir se vérifier : si, au 31/12/2013, la dette publique de l'Italie se situait à un niveau de 2 069,385 milliards d'euros, soit à 132,6 % de son PIB, elle atteignait, au 30/09/2014, 2 134,008 milliards d'euros, soit en neuf mois une augmentation de 64,623 millions d'euros.

*

Le 16/09/2013, le site Le Monde.fr, s'il se penchait au chevet de la dette publique de la France, qui avait « atteint 93,4 % du PIB en 2013 [...] et devrait s'élever à 95,1 % du PIB du pays fin 2014, soit environ 1 950 milliards d'euros », mettait toutefois l'accent sur le fait que « cet endettement sera lié au déficit public mais surtout aux plans de soutien financiers à la zone euro. Pour la France, le coût de ces plans a atteint 48 milliards d'euros en 2012 et devrait atteindre 62,5 milliards fin 2013, puis 68,7 milliards fin 2014. Sans le soutien à la zone euro, la dette atteindrait 91,8 % du PIB à fin 2014 ». L'hebdomadaire *L'Expansion* du 24/12/2013 rappelait cependant que « le budget 2014 pour la France prévoit une dette record à 95,1 % du PIB ». Selon Eurostat, la dette publique de la France avait atteint un montant de 1 940,384 milliards d'euros au 31/12/2013, soit 94,7 % de son PIB.

À la fin du mois de septembre 2014, elle dépassait pour la première fois un montant de 2 000 milliards d'euros puisqu'elle se situait à 2 031, 487 milliards d'euros, soit 95,3 % du PIB.

Faut-il rappeler à cet instant que les capitaux français réfugiés dans les paradis fiscaux approchent sans doute aujourd'hui le chiffre de 700 milliards d'euros, plus du tiers de la dette publique française.

*

Après ce tour d'horizon sur quelques pays parmi les plus significatifs de la zone euro, comment ne pas s'interroger sur l'Angleterre ? Échappe-t-elle à la contagion de l'austérité alors qu'elle ne paraît dépendre que de sa monnaie nationale, la livre, et que l'indépendance de la Banque d'Angleterre semble être un atout déterminant face à la troïka ?

Selon Eurostat, la dette publique du Royaume-Uni, au 31/12/2013, atteignait 1 460,977 milliards d'euros, soit 90,6 % de son PIB, et, au 30/09/2014, 1 558,220 milliards d'euros, soit 87,9 % de son PIB.

Or, le 2/12/2013, Catherine Mathieu (économiste senior au département analyse et prévision de l'OFCE [Observatoire français des conjonctures économiques]) jugeait dans le blog OFCE « le retour de la croissance au Royaume-Uni en 2013 » comme des « effets en trompe-l'œil » et, après avoir noté « que David Cameron[1] [avait] dès le départ exclu les dépenses de santé du plan de réduction des dépenses » et que « le deuxième secteur où l'activité est soutenue depuis 2008, et accélère depuis la fin de 2012, est celui de l'immobilier », elle concluait son analyse en estimant que « depuis 2008, la croissance britannique est donc impulsée en partie par un service public épargné par l'austérité budgétaire et par des services immobiliers soutenus par la politique monétaire ultra-active… Aussi la reprise britannique pourrait-elle donner naissance à une nouvelle bulle immobilière ». Elle remarquait, en outre, que, si le gouvernement avait « diminué le taux d'imposition des sociétés, abaissé à 23 % cette année [et à] seulement 20 % en 2015 [...] l'investissement des entreprises ne redémarre pas pour autant [...] ; le gouvernement compte

---

1. Le Premier ministre britannique.

aussi sur les exportations pour tirer la croissance, mais ceci est peu réaliste vu la situation conjoncturelle sur les principaux marchés extérieurs britanniques, avant tout dans la zone euro ».

*

Quelles conclusions retirer, en définitive, de ces diverses déclarations, chiffres, commentaires ou analyses, en se gardant de basculer dans le langage abscons et controversé des économistes et des experts ?

La totalité des États phares de l'Union européenne, notamment ceux du sud de l'Europe, sont endettés à des hauteurs vertigineuses. La dette de la plupart de ces États, chaque année en augmentation, approche ou dépasse, quelquefois très largement, 100 % de leur PIB[1].

---

1. Malgré leur importance, les dettes des États européens doivent être relativisées. En effet, si la dette publique des États-Unis (voir pages 64-65) avait passé le cap des 18 000 milliards de dollars au début de l'année 2015, le site les echos.fr du 10/03/2014 estimait que l'encours de la dette mondiale, limitée aux obligations des États, aux dettes cotées des entreprises et des sociétés financières, avait désormais dépassé la somme de 100 000 milliards de dollars. Le 7 février 2015, le journal français *La Tribune*, se référant lui-même à une étude réalisée par le cabinet McKinscy Global Institute qui incluait dans ses calculs la dette des ménages, indiquait que la dette mondiale globale se situait dès lors en 2014 à un montant de l'ordre de 200 000 milliards de dollars, soit 286 % du PIB mondial.

Pourquoi ?

Nous avons vu que la puissance de l'ouragan venu des États-Unis en 2008 avait conduit les États européens à renflouer ceux de leurs établissements financiers nationaux pris dans la tourmente, mais qu'ils avaient procédé à ce sauvetage sans prendre les mesures qui s'imposaient, prenant à leur charge, sans contrepartie, des sommes considérables qui augmentaient d'autant la dette publique de chacun d'eux. Ces établissements, sauvés de la faillite et pourvus de liquidités importantes, ont pu renverser le cours du tsunami en octroyant eux-mêmes aux pays d'autant plus endettés qu'ils devaient se plier aux exigences de la troïka, des prêts assortis de tels taux d'intérêt que ces pays se sont trouvés, non seulement dans la totale incapacité de rembourser une partie de leur dette publique, mais, devant la masse des intérêts à régler au titre de celle-ci, dans la double obligation de réduire leurs dépenses publiques et de souscrire de nouveaux emprunts. Enfin, et surtout, dans l'impossibilité de soutenir les investissements de leurs entreprises nationales, vouées dès lors, soit à se tourner vers des capitaux étrangers uniquement soucieux d'une rentabilité immédiate, soit à stagner ou à dépérir, faute de crédits d'un coût supportable.

C'est ainsi que, par inconscience ou par lâcheté, les États membres de l'Union européenne ont acculé leurs populations ouvrières, soit à la précarité (l'Allemagne), soit à un appauvrissement généralisé (les petites et moyennes entreprises privées des moyens de leur survie par le tarissement de leur trésorerie), soit encore à un chômage endémique sans cesse en augmentation. Dans le même temps, ils infligeaient une drastique ponction fiscale à leurs classes moyennes, principales productrices de richesses par la mise à disposition de produits utilement consommables. Ce sont donc les forces occultes sorties de la mondialisation et de la massification – les multinationales entourées de sociétés offshore ou de filiales destinées à leur conférer une totale opacité – qui, s'étant emparées des leviers de gouvernement que représentaient les instances européennes, ont livré les forces vives des populations européennes à un déclin qui aurait pu et dû être évité.

Quelles sont, à notre sens, les mesures que l'Union européenne aurait dû mettre en place aussitôt après la tempête provoquée par la faillite de Lehman Brothers ?

Dès l'origine de la déflagration, les traités européens, compte tenu des interconnexions qu'ils déclaraient avoir pour but de promulguer, auraient dû instituer entre tous les États de l'Union européenne une solidarité qui, validée par le Fonds monétaire international, aurait permis à chacun d'eux de recevoir de la Banque centrale européenne (BCE) des crédits

à un taux supportable par l'ensemble de la population concernée. Ces prêts auraient eux-mêmes été
financés par des établissements financiers renfloués
par les États qui en auraient pris le contrôle, en les
nationalisant à hauteur de 51 % si nécessaire, au lieu
de les abreuver de capitaux qu'ils ont utilisés à une
spéculation sans autre perspective qu'une augmentation des dividendes distribués à leurs actionnaires, les
détournant ainsi de tout objectif d'équilibre politique
et économique.

Le montant de ces prêts aurait été défini et
arrêté en fonction de la situation de chaque pays et
aurait été destiné à réduire, ou à bloquer le montant
de leur dette publique, à une somme, justifiée par
l'évidence, qu'un État, devant financer ses administrations, sa police, son armée, ses écoles, ses universités, la santé, la retraite... ne peut pas fonctionner,
et cesse même d'exister, s'il se refuse, notamment
dans certaines conjonctures qui l'obligent à d'importants investissements pour préserver l'avenir des
générations à venir, à assumer un déficit public en
adéquation avec le montant des richesses annuelles
produites par le pays.

Or, cette solidarité a été refusée, d'une part, par
des instances européennes infectées de néolibéra-
lisme et obnubilées par un monétarisme d'un autre
âge, d'autre part, par le Fonds monétaire international qui, contaminé par la Banque mondiale, étend

la contagion partout dans le monde. Une contagion qui atteint les strates les plus fragiles des États européens sous la férule d'une Allemagne dont nous avons vu qu'un trompeur ordo-libéralisme, qui semblait relever de l'autorité de l'État, débridait en réalité les pulsions hégémoniques ancestrales au mépris du capitalisme rhénan qui avait assuré précédemment la solidité de ses fondations.

Dans ces conditions, la Banque centrale européenne était condamnée à ne consentir aux États que des prêts d'un montant plafonné par la Commission européenne, bras séculaire de l'Union européenne. Opérant en concertation et en collaboration avec l'Allemagne, la BCE choisissait d'accompagner ces ouvertures de crédit de mesures draconiennes, d'autant plus insoutenables pour les populations autochtones que ces mesures n'étaient pas accompagnées de contraintes exigeant, sous la menace de la confiscation des actifs nationaux de leurs détenteurs, le rapatriement des capitaux abrités dans les paradis fiscaux. Le retour de ces capitaux aurait, en tout état de cause, contribué à diminuer le montant de la dette dans des proportions qui auraient éloigné la tension, autorisé la reprise de l'investissement, donc de la croissance, et aurait été, par conséquent, susceptible d'« inverser la courbe du chômage ».

Les États du sud de l'Europe, confrontés aux mesures imposées par les instances européennes et le FMI, n'avaient dès lors pas d'autre choix que de se tourner vers des organismes qui, après avoir eux-mêmes provoqué la déflagration, avaient reçu sans contrepartie des liquidités apportées par des États placés sous leur domination – et ces organismes, obéissant à la logique de leurs mécanismes internes, ne pouvaient que requérir des taux d'intérêt qui augmenteraient inévitablement l'importance de la dette publique de ces États et, de ce fait, alourdiraient le poids des mesures d'austérité dictées par la troïka.

Un effarant et effrayant cercle vicieux.

Dans l'hypothèse où chacun de ces États, non intégré dans une Union européenne technocratique, aurait conservé sa monnaie nationale au lieu de devoir subir les intolérables exigences de la troïka et de l'Allemagne, son gouvernement aurait pu, d'une part, procéder à une dévaluation susceptible de rétablir le montant de la dette dans un rapport en corrélation avec son PIB, d'autre part, accompagner cette dévaluation de mesures, sans doute impopulaires au premier degré, mais supportables et acceptées dès lors qu'une explication suffisante des pouvoirs publics les aurait accompagnées. Or, en raison de l'instauration d'une monnaie unique européenne, ces mesures ont été impossibles à mettre en place dans les pays qui composent la zone euro.

Compte tenu des oppositions de la troïka et de l'Allemagne à une convergence budgétaire européenne, les peuples de certains États d'Europe ont donc été condamnés à endurer une austérité que, à moyen terme, ils seront dans l'obligation de refuser s'ils veulent de nouveau respirer et non pas seulement essayer de survivre.

Cette austérité risque ainsi de provoquer, dans un avenir relativement proche, des troubles sociaux de plus en plus violents dans les pays les plus touchés, notamment ceux du sud et du centre du continent, la France et l'Allemagne comprises.

En conséquence, ce sont les instances regroupées dans la troïka, ainsi que les pays qui ont soutenu avec le plus de rigidité une politique d'austérité, qui mettent en danger, non seulement l'euro, mais surtout les fondations elles-mêmes de la Communauté européenne. Les « mesures draconiennes » auxquelles elles sont soumises légitimeront les populations les plus durement meurtries, soit à imposer à leur gouvernement en place une sortie de la zone euro et donc de l'Union européenne, soit à substituer à leurs gouvernants actuels, suivant l'exemple que vient d'offrir la Grèce, les dirigeants qu'ils estimeraient susceptibles de décréter la reprise en mains de leur souveraineté.

Ne serait-ce pas là, en définitive, l'explosion et l'éclatement que des hommes et des femmes, inconscients qu'ils « jouent avec le feu », pour reprendre une expression de Mário Soares, ou impuissants à maîtriser la systémique du capitalisme, réservent à l'Union européenne ?

Or, le jeudi 22 janvier 2015, certainement interpellée par la proximité des élections législatives grecques, la Banque centrale européenne décidait de « sortir la planche à billets », ou encore de « larguer de l'argent par hélicoptère par voie détournée »[1]. Elle annonçait, par la voix de son président italien, qu'elle injecterait, à partir de mars 2015 et jusqu'en septembre 2016, 60 milliards d'euros par mois dans l'économie des pays de la zone euro, soit un total sur l'ensemble de la période de 1 140 milliards d'euros. Elle indiquait, en outre, qu'elle ne cesserait ses abondements en septembre 2015 que « si les anticipations d'inflation (étaient) revenues à la normale, c'est-à-dire de l'ordre de 2 % », voulant signifier ainsi que son souci principal était de réagir sans plus attendre à la déflation enregistrée au mois de décembre 2014 (-0,2 %) sur l'ensemble des pays membres de l'Union européenne, cette déflation étant susceptible de provoquer des réactions en chaîne négatives qui l'auraient obligée, si la réaction avait été plus tardive, à intervenir dans une urgence hasardeuse.

Selon les informations complémentaires venues de la BCE et reprises par les médias, le déblocage

1. Le site de l'hebdomadaire *Le Point* des 20, 22 et 23 janvier 2015.

de ces fonds devait se réaliser sous la forme de prêts remboursables, assortis d'un taux d'intérêt pratiquement nul, d'un montant au plus égal à 33 % de la dette totale de chaque État bénéficiaire. Enfin, la réglementation venue des traités européens l'empêchant de soutenir directement les États, la BCE procéderait sous la forme d'un programme de rachats réguliers de titres publics ou privés sur le marché secondaire des obligations auprès des établissements bancaires qui en possèdent dans leur portefeuille.

Si cette décision, accompagnée d'une forte dépréciation de l'euro par rapport au dollar, était aussitôt saluée par les marchés financiers, que peut-on concrètement en attendre ?

Cette injection de capitaux aurait pu peser de manière décisive, sur l'économie comme sur les opinions publiques des États de l'Union européenne, si elle était intervenue dès le début de ce que l'on continue à appeler « la crise » – alors qu'il s'agit à l'évidence de la fin d'un monde. Aujourd'hui que, depuis plus de sept ans, la politique de la troïka a ignoré la précarité et les souffrances qu'elle a engendrées dans les classes ouvrières, l'inquiétude et l'asthenie industrieuse qu'elle a provoquées dans les classes moyennes, dénigré et rétréci le rôle de l'État en imposant une réduction drastique des dépenses publiques au nom d'un déficit dont elle a exigé qu'il ne dépasse pas un pourcentage du PIB érigé en dogme, contribué ainsi au développement de dettes publiques impossibles à rembourser, quel que soit le pays, l'Allemagne comprise, ces rachats mensuels de 60 milliards d'euros, réguliers mais programmés sur 19 mois, paraissent non seulement beaucoup trop tardifs mais également notoirement insuffisants.

La déflation n'est-elle pas l'une des conséquences de la stagnation due à un manque prolongé de croissance ? Ce manque de croissance, ou, plus exactement encore, d'activité, n'a-t-il pas été provoqué, d'une part, par l'énormité de l'évasion fiscale consentie aux multinationales, aux oligarques, aux organismes financiers qui en sont les actionnaires dominants, aux bureaucrates qui en assurent la direction, d'autre part, par l'absurdité de l'austérité infligée par la Commission européenne aux classes moyennes et aux classes ouvrières ? Ce manque d'activité ne provient-il pas de l'absence de tout investissement productif et, ceci conséquence de cela, de la détérioration de l'industrie, de l'artisanat et du commerce, et ne génère-t-il pas à la fin du processus, un chômage en constante courbe ascendante ?

Dès lors, comment pourrait-on espérer une reprise significative de l'activité et de la croissance de l'injection dans l'économie, étalée sur 19 mois, d'une somme de 1 140 milliards d'euros représentant 12,3465 % de la dette publique globale des États de la zone euro (9 233,370 milliards d'euros) à une date, le 30/09/13, à laquelle elle s'avérera certainement avoir été d'un montant moins important que celui atteint au 31/12/14 lorsque Eurostat aura pu officiellement l'arrêter.

Un apport de capitaux mal orienté. En rachetant aux banques une partie ou la totalité des obligations qu'elles détiennent dans les dettes publiques des États auxquels elles avaient consenti les prêts que la BCE refusait de leur accorder au-delà d'un certain plafond, la BCE va accroître d'autant la masse des liquidités dont ces banques disposaient déjà en raison de la faiblesse relative de la demande de PMI/PME soucieuses de n'accepter qu'en dernier ressort, surtout en période de déflation, les garanties et les taux que ces établissements exigeaient. Plutôt que de se tourner vers une économie réelle en état de récession et incapable de supporter des taux d'une rentabilité à leurs yeux suffisante, les banques pourvues de ces abondantes liquidités délaisseront, comme le passé récent l'a démontré, les besoins d'investissement et de trésorerie des PMI/PME de leur pays de résidence pour se diriger vers des placements spéculatifs en actions supposés devoir être sensiblement plus rémunérateurs, augmentant ainsi, à moyen ou à long terme, les risques d'explosion de nouvelles bulles financières et immobilières.

Une dernière remarque : cette « manne » de 1 140 milliards d'euros sera attribuée aux États en proportion de leur participation dans le capital de la BCE, c'est-à-dire principalement à l'Allemagne, la France et l'Italie, des pays comme la Grèce, le Portugal ou encore l'Espagne devant se contenter de la portion congrue – les titres que la BCE détiendra dans la dette de l'Allemagne à l'occasion de ce rachat devront, en plus, être payés puisque la dette allemande offre des taux d'intérêt négatifs pendant cinq ans !

La conclusion est claire : en dehors d'un effet d'annonce qui a remué le petit monde de la finance et des médias, en dehors d'une bouffée d'oxygène condamnée à s'évaporer au fil des mois et réservée aux pays européens qui en ont peut-être aujourd'hui le besoin le moins urgent, les instances européennes, sous la gouvernance du Fonds monétaire international et sous l'œil sourcilleux d'une Allemagne qui a exprimé ses réticences dès la déclaration du président de la BCE, continueront la même désastreuse politique, sourdes depuis l'origine aux souffrances des populations dont elles ont capturé la liberté, sourdes aussi aux cris de révolte qui risquent un jour de les engloutir.

*

Comment, dans ces conditions, ne pas aboutir à cet amer constat que ce sont les hommes et les femmes qui, depuis la fin de la Seconde Guerre mondiale, ont su conserver un rêve européen, qui doivent, les premiers, vouloir refonder les structures et les principes de fonctionnement de l'Europe actuelle ? Comment, dans le même temps, ceux-là ne désireraient-ils pas se délivrer, en désespoir d'être entendus, d'une monnaie unique qui leur apparaît servir désormais d'alibi principal à la dépendance, à la détérioration de l'histoire, de la culture, du génie, de chacune des nations européennes ? Une monnaie unique dont il est inexact et manipulatoire de proclamer qu'elle a jugulé l'inflation alors que l'euro d'aujourd'hui correspond au pouvoir d'achat du franc de décembre 1998 – les « experts » en sciences économiques et politiques, qui paraissent l'ignorer, ne font certainement pas eux-mêmes leurs propres achats.

Que les Français qui refusent cette Europe n'aient pas peur de sembler être récupérés par des bataillons d'extrême droite revigorés par la pauvreté de pensée et d'action des deux partis qui, depuis de nombreuses décennies, se sont emparés de l'appareil gouvernemental et dont l'un, celui de la droite dite « républicaine », est très loin d'être exempt de tout relent de xénophobie et, plus particulièrement, d'arabophobie et d'antisémitisme. Qui pourrait, en effet, confondre le désir, obsolète, de retrouver l'enclos aux murs fissurés d'un nationalisme ségrégationniste, avec la volonté politique

de faire table rase d'une masure dévorée par les
termites pour construire, enfin, un immeuble aux
matériaux neufs, à la circulation aérée, assez res-
pectueux de chacun de ses copropriétaires pour
s'agrandir de leurs particularismes et n'exiger d'eux
que des charges communautaires dont la nature et
le montant seraient proportionnels à leur potentiel
de ressources ?

Ce triste paradoxe dissimule une réalité qui s'est
cristallisée au long des années : le pouvoir politique,
dans toutes ses dimensions, sociales, économiques
et financières, aura été, par étapes successives,
transféré des États à des multinationales dont le
processus de massification au plan mondial a été
l'instrument de création et de promotion.

Après avoir capturé le pouvoir, ces multinationales, en raison d'une hypertrophie qui les voue à
l'opacité, à une prospérité virtuelle, incontrôlable
par leurs propres appareils de direction, se sont
exclusivement abandonnées à une spéculation financière destinée à leur permettre une croissance limitée à la seule absorption d'établissements du même
type d'activité. Cette spéculation et ce processus de
massification, débranchés de l'activité économique,
ont généré une désindustrialisation qui annule toute
perspective de croissance et a provoqué, de ce fait,
un chômage structurel, et celui-ci, une précarité,
une pauvreté, une misère.

Cette spéculation, robotisée, a échappé à ceux qui la servent, devenus des opérateurs d'un engrenage qui fonctionne en circuit autonome selon une unité de temps, la nano-seconde, totalement imperceptible à l'homme.

Aucun État dans le monde ne peut aujourd'hui échapper à la logique et à la cohérence d'une dictature mécanique dont les rouages ont été programmés avec une telle sûreté, mais aussi une telle souplesse dialectique qu'ils s'appuient sur la moindre velléité d'opposition, individuelle ou groupée, pour verrouiller encore davantage la chambre forte. C'est ainsi que les instances européennes, internationales ou mondiales, installées en couverture et en porte-drapeau des orientations et des directives de la machinerie, dirigent et coordonnent le recrutement des politiciens et des « experts » qui seront chargés, d'une part, de promulguer les contraintes législatives et réglementaires qui garantiront au système le renforcement et la pérennité de son pouvoir, d'autre part, de condamner la non-observation des instructions édictées.

Parmi ces contraintes les plus insupportables, figure, en premier lieu, le remboursement d'une dette publique d'autant plus instrumentalisée que le jeu des mécanismes qui régissent la planète l'a répandue de telle manière que, frappant tous les États, elle est devenue une fatalité dissolvante de tout sursaut puisque son incessante et inévitable augmentation astreint chaque gouvernement à réagir par réflexe conditionné. En deuxième position, se place la corrélation de cette dette publique à un PIB lui-même dévié de ses objectifs naturels par la promulgation d'un pourcentage maximum de déficit public. Le dépassement de ce pourcentage (3 % du PIB), dont le calcul est tellement opaque que le bruit a couru qu'il provenait d'une erreur informatique, s'accompagne de sanctions, notamment par le taux de crédit applicable aux pays « désobéissants », qui annihilent l'initiative, l'investissement et, par conséquent, la capacité de produire et d'assurer l'emploi. C'est ainsi qu'est affirmée, comme une vérité arithmétique incontestable, l'obligation d'une forte réduction des dépenses publiques qui priverait l'État des quelques prérogatives subsidiaires qui lui restent. Suivent la compression (déjà fortement entamée) des dépenses de santé, la surimposition des classes moyennes, la précarité infligées aux classes ouvrières, les étouffoirs d'une surréglementation qui exacerbe le désir de transgression. Enfin, et le paradoxe n'est qu'apparent car le système utilise de trompeuses contradictions pour occulter la réalité foncière de ses manœuvres, la mise en œuvre d'une surconsommation programmée avec une telle précision et organisée avec une telle minutie que, dans les pays riches, elle en est devenue *naturelle* dans chaque acte de la vie quotidienne.

Par étapes coordonnées et enchaînées, la dette publique, impossible à rembourser, mais qui asservit l'intelligence et l'action, n'est donc que l'alibi le plus spécieux (on pourrait presque écrire le fantasme le plus pernicieux) aujourd'hui utilisé et répandu en Europe et dans l'ensemble de l'Occident pour transformer l'État, et les populations qu'il est censé représenter et diriger, en pantins désarticulés et disciplinés.

L'austérité promulguée et appliquée par l'Union européenne, la Commission européenne et la Banque centrale européenne, sous la férule conjuguée de l'Allemagne et du Fonds monétaire international, enlevant toute perspective de croissance aux pays européens, accule chacun d'eux à un sous-emploi structurel dont les statistiques officielles usent et abusent des artifices qui permettent d'en dissimuler les chiffres réels.

Ce chômage est généré par une sous-industrialisation qui augmente la frustation et les souffrances de populations ouvrières courbées sous le joug, de classes moyennes privées de mouvement par la ponction fiscale qu'on leur inflige. Dans le même temps, on continue à tolérer le refuge dans les paradis fiscaux des centaines de milliers de milliards d'euros qui, détournés de leur nécessité économique et sociale, échappant à l'impôt, confortent la domination des multinationales sur les États.

En définitive, un système, exprimé et téléguidé par des robots à la puissance sans cesse augmentée et n'obéissant qu'à eux-mêmes, dont l'Union européenne, la Banque centrale européenne, la Banque mondiale, le Fonds monétaire international, ne sont que les instruments d'appropriation du pouvoir maléfique, plonge de très nombreux pays dans un sous-développement économique et social, mais aussi, le monde entier, dans un affaissement mental et culturel.

Les populations de ces pays, qu'elles se l'avouent ou qu'elles s'attardent à ne pas vouloir en prendre une claire conscience, ne devinent-elles pas que la sévérité des données financières ne témoigne qu'imparfaitement de la gravité de la situation ? Une petite voix ne leur murmure-t-elle pas que leur nation, enchaînée à un système de plus en plus technocratique et déconnecté des êtres et des choses de la vie, a dépassé le stade de la décadence pour s'abîmer dans la disparition de toute perspective ?

V

LA PIEUVRE

La tentation est forte de penser que le capitalisme et ses servants de messe, les banquiers et les traders, devant la complaisance, la veulerie et la faiblesse intrinsèque des États, sont condamnés à renouveler sans fin leurs errements. S'en tenir à ce constat et à cette condamnation serait cependant avoir recours à une sémiotique accessoire, dans le but plus ou moins conscient de ne pas affronter dans sa cruauté une réalité beaucoup plus angoissante.

Quand on l'examine avec une longue-vue, le paysage emprunte, de déduction en déduction, la forme de plusieurs syllogismes successifs.

Comme nous avons essayé de le démontrer aux chapitres précédents, les hommes ne sont plus que les auxiliaires d'une spéculation financière qui, n'obéissant qu'à ses propres finalités, a pour seule ambition de satisfaire la voracité de ses engrenages.

La base de l'échafaudage est composée d'une infinité de cellules maintenues en état minimal de survie en raison du marché qu'elles constituent et du coût restreint qu'elles représentent puisque, soumises à la main qui les broie, elles sont dans l'obligation d'accepter un pouvoir d'achat limité et, dans beaucoup de pays, souvent inférieur ou au plus égal au minimum vital.

En haut de l'échafaudage, le système a installé son église et sa noblesse, les cadres sortis de ses écoles devenues les lieux où se nouent les complicités, les connivences, les diverses obédiences qui se partageront ensuite les manettes d'une gouvernance factice mais devant laquelle s'inclineront les classes dites moyennes.

Ces classes elles-mêmes se plient à une idéologie bien-pensante, celle du respect des lois et règlements édictés par des « élites » chargées de dispenser la louange, l'opprobre et la sanction. En effet, sous l'effet d'une crainte instinctive, d'une peur constamment entretenue par les médias, ces classes moyennes refusent généralement une assimilation avec des populations avec lesquelles elles doivent pourtant accepter fréquemment de cohabiter. N'entre-t-il pas dans la logique du système de confiner et de superposer plusieurs couches de populations dans les agglomérations périphériques ou les quartiers urbains, tout en les privant des moyens d'un rapprochement ou d'une intégration même progressive ?

C'est ainsi que, dans les pays industriels avancés, sont acculées à la précarité et à la sous-traitance les moyennes et les petites entreprises, comme sont marginalisés ou condamnés à disparaître les commerçants et les artisans, comme sont vouées au chômage, à la précarité et/ou à la pauvreté les classes ouvrières, quel que soit leur secteur d'activité.

L'échafaudage achevé, les passerelles et les plates-formes mises en place et assemblées par une charpente reliant chacune des parties à l'ensemble, *Big Brother*[1] peut ordonner à ses agents de circulation de veiller à l'ordonnancement méthodique des circuits utiles ou nécessaires à la production maximale d'un profit sacralisé, au mépris des foules dont le dénuement cimente le socle de l'édifice et dont l'asphyxie et la paralysie garantissent le silence.

La pieuvre peut dès lors développer les tentacules que constituent ses multiples canaux d'intervention. Elle étrangle l'énergie, elle paralyse le sursaut, elle prive les individus ou la collectivité de la moindre réactivité, elle détourne leur regard du poison mortifère qu'elle leur injecte. Elle gave de sucreries ses intellectuels de salon qui plastronnent dans les dîners en ville, ses brigades de miliciens, ses distributeurs de drogues. Elle magnifie ses rites

---

1. Le dictateur invisible du livre de George Orwell *1984* (voir le chapitre I).

et ses cérémonies, choisit les jours de fête obligatoire, les propagateurs d'idéaux destructeurs, libère
la meute de ses communicants et de ses auditeurs.
Elle ne tolère aucune autre forme d'expression que
la sienne, elle est devenue le dieu-robot totalitaire
dont le pouvoir s'étend à la totalité du globe.

La preuve n'en est-elle pas apportée par le fonctionnement actuel de la circulation mondialisée des
flux et des reflux d'énormes masses de capitaux ? En
effet, les autorités financières, à supposer qu'elles
le veuillent, n'ont plus le pouvoir d'empêcher la
manipulation des cours par une multitude de logiciels qui, fabriqués par les opérateurs des grandes
institutions financières internationales, sont disséminés dans le monde entier sous la forme de robots
dont les ressorts sont programmés pour générer, à
la milliseconde, des millions d'ordres d'achats et
de ventes.

Comment de telles quantités d'opérations effec-
tuées dans une telle unité de temps pourraient-elles
ne pas échapper au contrôle d'organes directeurs
contraints de se limiter au constat qu'une immense
majorité des ordres de placement entrés dans ces
plates-formes robotisées est éliminée dans le cen-
tième de seconde qui suit leur création ?

Pourquoi un volume aussi colossal d'opérations fictives ? Parce que celles-ci ont pour unique
objet, dans l'esprit des institutions émettrices, de

détecter en temps réel les seuils de retournement des acteurs concurrents, cet espionnage technique et réciproque étant devenu une méthode de gestion *institutionnelle*.

En termes plus directs, les opérateurs dotés des programmes les plus performants s'évertuent à pénétrer les applications, les données et les déductions des logiciels moins avancés que ceux dont ils disposent. Ces opérateurs privilégiés peuvent ainsi, en raison des hypothèses de marché qu'ils ont préétablies sur les valeurs qu'ils auront choisies, anticiper la réaction des opérateurs dotés d'outils moins puissants que les leurs. Cette opération de simulation et de stimulation est destinée à permettre à ses auteurs de déterminer leurs propres orientations et décisions en fonction des réflexes que la manœuvre aura conditionnés ou déclenchés chez leurs concurrents.

Dès lors que ces robots calculent et décident à des vitesses électroniques inférieures au millième de seconde, les valeurs industrielles sur lesquelles les marchés sont censés devoir s'appuyer, et qui exprimeraient l'état de l'économie réelle, ne peuvent pas être prises en compte par cette machinerie. De ce fait, les marchés financiers sont obligés de se référer à des cotations qui réduisent les actifs des entreprises à des objets mathématiques strictement artificiels dont la valeur retenue n'est que le résultat de la confrontation universelle de logiciels manipulés par des opérateurs dominés par les seuls mouvements de la bulle qu'ils ont créée.

Il en résulte que les opérateurs des grandes entreprises financières internationales sont emprisonnés dans un autisme qu'ils ont eux-mêmes programmé et dont ils ne peuvent plus sortir de leur propre initiative. Et ils obligent l'ensemble des marchés financiers à s'enfermer avec eux dans un coffre-fort aseptisé et verrouillé, systémiquement incapable de s'ouvrir à toute réalité qui lui soit extérieure.

Sous l'effet de la mondialisation et des avancées de la technologie de pointe, c'est-à-dire de l'interconnexion planétaire à la milliseconde des circuits et des échanges, le financier est donc devenu l'ultime levier dont se sert le capitalisme. Or, en raison des réactions virtuelles qu'il génère en chaîne à l'échelle du globe, le financier est désormais impropre à développer une culture d'entreprise et à s'ouvrir à un projet de société qui pourrait le régénérer, et ses chapelains, ses janissaires et ses spadassins, s'ils sont techniquement développés, sont privés d'intelligence. Le capitalisme à obédience financière est ainsi devenu impuissant à arrêter lui-même un processus d'autoconditionnement, qui s'accélérera jusqu'à l'implosion finale, les hommes demeurant sans pouvoir sur les mouvements corrélés et les soubresauts, qui leur demeurent imprévisibles, d'un appareillage incapable de s'auto-orienter vers une régulation du flux des capitaux et des transactions.

Si les États-Unis, malgré leur déclin, et la Chine, grâce à la rapidité de son expansion économique, sont aujourd'hui les principaux prédateurs mondiaux, aucun des pays riches ne peut cependant échapper à l'escalade à laquelle le contraint la spirale du système.

Sous le poids des dévastations écologiques que le capitalisme aggrave, des souffrances et des infirmités qu'il accumule, des déséquilibres qu'il provoque partout dans le monde, des fissures de plus en plus béantes apparaîtront dans l'édifice qui dégénéreront en fractures irrémédiables. Ces fractures condamneront le système, au cours des années à venir, à l'ossification qu'a stigmatisée Claude Lévi-Strauss dans *Race et histoire*, une brochure publiée par l'UNESCO en 1952.

La planète souffrira de multiples ravages aussi longtemps qu'une révolte de plus en plus répandue ne sera pas soutenue et démultipliée par des mouvements collectifs non violents. Ces mouvements devront être déterminés à occuper la rue et à ne plus la quitter avant d'avoir réussi à imposer la renaissance et la prépondérance de l'État face à des organisations supranationales qui exercent un pouvoir occulte, mais combien réel et décisif, sur les gouvernements qu'ils installent eux-mêmes à

la faveur d'une élection au suffrage dit universel
dont tous les dés sont pipés. Sans ce renversement
de pouvoir, les théoriciens de l'économie politique,
sociale et écologique, comme les politiciens de
toutes obédiences, seront condamnés à ne proposer que des solutions superfétatoires et bâtardes,
à la limite de l'outrage ou du ridicule. N'est-ce
pas d'ailleurs cette impuissance que mettent en
lumière les réunions successives des chefs d'État
et de gouvernement ? Les apparentes divergences
d'appréciation entre les pays de la zone euro et les
États-Unis dans les domaines sociaux, écologiques,
militaires, judiciaires ou juridiques ne procèdent-
elles pas désormais de manœuvres de diversion, de
leurres destinés à dissimuler l'ampleur et la gravité
de la maladie ? Comme le prouve le projet du grand
marché atlantique évoqué au chapitre IV.

La rémunération des banquiers, les sursalaires
des opérateurs du marché et des cadres supérieurs ou dirigeants des multinationales, sont des
préoccupations secondaires devant les freins, les
blocages, les bunkers juridico-financiers qui continueront longtemps encore à subsister. Aux États-
Unis, en raison du rejet génétique et frénétique par
l'oligarchie industrielle et financière de la moindre
contrainte. En Europe, compte tenu de la politique
imposée par une troïka soucieuse de répondre aux
impératifs catégoriques souterrains du monde de

la finance et prête désormais à endosser la tunique corsetée que lui tend l'Amérique du Nord. Quels que soient la vanité et les artifices de langage que pratiquent les apparatchiks pour dissimuler la nature des opérations que le dispositif les oblige à exécuter, l'incapacité de l'appareil à s'autoréformer conduit à la même conclusion : au-delà de son génie de créateur de mythes et d'inventeur de progrès techniques d'une foudroyante ampleur, l'homme a engendré une pieuvre aux multiples tentacules qui a rompu ses chaînes et échappé à la maîtrise du géniteur, qui ne la récupérera plus jamais lui-même pour l'abattre.

Même si la bête est condamnée à s'autodétruire, son agonie durera toutefois suffisamment longtemps pour qu'il soit inutile d'espérer sa mort à un moyen ou même à un long terme que l'on pourrait apercevoir dans la brume et l'opacité du lointain. Il semble donc avéré que les sommes considérables déjà distribuées, augmentées de celles qui le seront dans un proche avenir, par les États des pays les plus riches ou, en Europe, par la BCE, aux établissements financiers, continueront à encourager ceux-ci, certains qu'ils pourront le faire en toute impunité, leur indépendance préservée par les pouvoirs publics eux-mêmes, à recourir aux montages que le système les invite, ou les contraint si nécessaire, à développer et, en tout état de cause, à pérenniser.

La mondialisation ne peut, en conséquence, qu'exacerber les appétits des prédateurs en les incitant à déplacer des masses colossales de capitaux selon une série d'instructions exécutées dans l'instant, créant des richesses ou des dettes artificielles et vertigineuses par un seul mouvement de lignes cathodiques sur les écrans des traders.

Comment n'en pas déduire, contrairement aux opinions répandues par le langage officiel, que la thématique et la morphologie de la mondialisation sont antinomiques avec le développement et la productivité des entreprises, notamment de moyenne ou de petite taille, quel que soit leur type d'activité.

La plupart des sociétés multinationales en deviennent assimilables à des organisations fascisantes puisqu'elles imposent à des États sans contre-pouvoir des réglementations destinées à favoriser leurs seules impulsions, au détriment des entreprises qui exigent une imagination ouverte à des perspectives et à des projets mobilisateurs. Des entreprises gouvernables par des hommes et non plus par des mécanismes indépendants de la volonté de ceux-ci.

On peut cependant reconnaître à ce capitalisme le mérite de révéler que beaucoup de sociétés multinationales sont des agglomérats plus fragiles qu'on ne veut le faire croire. En effet, à des « crises » économiques ou financières de grande amplitude, peuvent s'ajouter des raisons qui, si elles diffèrent, procèdent, en réalité, des mêmes causes, la structure intrinsèque de ces multinationales engendrant chez les hommes qui paraissent les diriger l'incapacité de maîtriser l'hypertrophie enchevêtrée qui est leur loi commune.

Il n'empêche que le pouvoir conféré à ces sociétés par le capitalisme actuel est si ancré qu'elles échappent aux critères et aux paramètres applicables généralement aux entreprises industrielles et à celles à taille humaine, soit que la multinationale en danger de mort renaisse de ses propres cendres quelques années après avoir été secourue par le gouvernement du pays où elle réside, soit qu'elle ait été reprise, après un temps d'épuration et de dépeçage, par une autre multinationale dont elle viendra gonfler la puissance pluridimensionnelle.

De récents exemples, et nous en retiendrons deux parmi les plus éclairants, ont en effet amplement démontré que, si elles peuvent s'écrouler à vitesse exponentielle, le vide laissé par leur disparition du paysage est susceptible de provoquer un tel appel d'air qu'après avoir été empêchées de mourir grâce à différents concours ct procédures, elles peuvent ressusciter ou être rachetées sans que la machinerie en soit durablement perturbée.

La société américaine AIG[1] (American International Group), fondée en 1919, était devenue et est
restée pendant longtemps la première compagnie
mondiale d'assurance, comptant 74 millions de
clients et employant 116 000 personnes.

Fragilisée par deux amendes successives, la
première fois en 2004 à hauteur de 126 millions de
dollars à la suite de la vente d'un produit d'assurance
litigieux, la seconde fois en 2005 pour un gonflement
de ses comptes à hauteur de 1,6 milliard de dollars,
le système va cependant l'utiliser lors de l'explosion
des crédits *subprimes*[2], pour venir en aide à certains
établissements financiers, et notamment à la banque
Goldman Sachs au bord de la faillite. Dès lors, ses
pertes, largement consécutives aux garanties qu'elle
avait donc consenties sur des « dérivés » de créances
immobilières liées aux *subprimes*, atteignaient un
montant de 18 milliards de dollars, dont 12,9 milliards pour la seule Goldman Sachs.

Dès le 16 septembre 2008, la FED intervient pour
la sauver d'une faillite devenue certaine en lui accor-
dant un prêt de 8,5 milliards de dollars moyennant
une prise de participation de 79,9 % dans son capital,
AIG apportant en garantie financière l'ensemble de
ses actifs, filiales comprises, et le gouvernement

---

1. Cf. le chapitre IV.
2. Cf. les chapitres III et IV.

fédéral ayant, en outre, procédé au remplacement de plusieurs de ses dirigeants par des hommes qui avaient déjà servi au sein de la CIA.

Au début du mois d'octobre 2008, AIG demande à la FED un secours additionnel de 38 milliards de dollars.

Le 2 mars 2009, AIG ayant annoncé, en définitive, une perte réelle de plus de 99 milliards de dollars pour l'ensemble de l'exercice 2008, la FED, pour contrer une chute en cascade de l'ensemble des places boursières mondiales, ajoute à ses deux premiers prêts une nouvelle aide additionnelle de 30 milliards de dollars.

En définitive, on estime que *l'utilisation* d'AIG dans l'affaire des *subprimes* a nécessité, en quatre plans successifs de renflouement, la « mobilisation » de 182 milliards de dollars de fonds publics américains.

Semblait donc, en moins d'un an, avoir pratiquement disparu, ou être tout au moins largement passé sous tutelle de l'État fédéral, le premier groupe mondial d'assurance.

Or, le site latribune.fr/entreprises, sous le titre « La marque AIG est de retour sur le marché de l'assurance », indiquait le 12/11/2012 que « sauvé de la faillite par l'État en 2008, l'ex-premier assureur mondial avait alors préféré changer de marque commerciale (Chartis en assurances dom-

mages et SunAmerica en assurance vie) [et qu'il]
vient de décider de revenir à AIG, son appellation
d'origine », comme venait de l'annoncer dans un
communiqué officiel du 11 novembre 2012, son
président-directeur général, nommé en 2009. Le
site signalait encore que « si l'État est toujours
présent au capital, l'aide de 182 milliards de dollars
a été totalement remboursée et la Réserve fédérale
et le département du Trésor américains ont reçu
environ 15,9 milliards de dollars de profits com-
binés sur leur investissement dans la compagnie
[...] les résultats trimestriels d'AIG publiés le
2 novembre (2012) incitent la direction du groupe
à l'optimisme avec 1,9 milliard (de dollars) de
bénéfice net (contre 4 milliards de pertes à la même
période l'an passé), note le PDG de la société, tout
en restant prudent sur les conséquences financières
pour le groupe de l'ouragan Sandy qui a frappé la
côte Est des États-Unis fin octobre (2013) ».

Le groupe Fortis, né en 1990 de la fusion d'un
assureur néerlandais, d'un groupe bancaire de
même nationalité et d'un assureur belge, « avale »
successivement plusieurs proies dans le domaine
de la banque et de l'assurance et, à partir de 2005,
accélère une politique d'internationalisation de
ses activités, avec l'objectif annoncé d'accroître

le bénéfice par action de 10 % par an pendant une période de cinq ans.

En 2007, Fortis, accompagné de la banque écossaise, Royal Bank of Scotland Group, et de la banque espagnole, Banco Santander, lance une offre publique d'achat (OPA) sur la banque néerlandaise, ABN AMRO.

L'opération oblige Fortis, pour financer partiellement l'acquisition, à lancer une augmentation de capital de 13,2 milliards d'euros.

Or, survient aux États-Unis l'affaire des *subprimes* et ses répercussions mondiales.

Aussitôt, la capacité de Fortis de financer l'acquisition de ABN AMRO est remise en cause par le marché.

Les 27 et 28 septembre 2008, l'établissement se trouvant en très grand danger, les États néerlandais et luxembourgeois acquièrent chacun 49 % des filiales du groupe dans leurs pays et l'État belge 49 % de Fortis Banque Belgique, la maison mère, pour un montant global de 11,2 milliards, en imposant simultanément la revente des parts de Fortis dans ABN AMRO pour un prix espéré de l'ordre de 10 milliards d'euros.

Le 3 octobre 2008, l'État néerlandais oblige Fortis à lui vendre la totalité de ses activités aux Pays-Bas pour 16,8 milliards d'euros. Deux jours après, le 5 octobre, la banque française BNP Paribas achète à son tour la très grande majorité des opérations de banque et d'assurance de Fortis en Belgique et au Luxembourg.

Cette dernière cession, ayant été remise en cause par la justice et par les actionnaires de Fortis, ne sera, en définitive, réalisée qu'en avril 2009, date à laquelle BNP Paribas acquiert 75 % des actions de Fortis Banque moyennant des garanties de l'État belge qui conservait lui-même 25 % de participation. Dans le prolongement de cette opération, Fortis Banque prend le nom de BNP Paribas Fortis.

Enfin, le 13 novembre 2013, l'État belge annonçait la vente à BNP Paribas Fortis, qui devenait l'actionnaire unique de la banque, de sa participation de 25 % pour un montant de 3,25 milliards d'euros, réalisant une plus-value estimée à 900 millions d'euros – mais quelle valeur réelle attribuer à cette estimation ?

Selon la plupart des observateurs, l'État belge aurait ainsi voulu abaisser au-dessous de 100 % de son PIB le montant de sa dette publique, au 31 décembre 2012, deux jours avant la date à laquelle la Commission européenne devait remettre son rapport sur les budgets et les efforts de réduction des déficits des États membres de la zone euro. L'État belge espérait pouvoir de la sorte revenir au-dessous de la limite des 3 % imposée par l'Union européenne et se libérer à court terme de la procédure d'infraction pour déficit excessif qui lui était intentée par la Commission européenne. Or, selon les données d'Eurostat du 13/06/2014, la dette publique de la Belgique s'est située, au 31/12/2013, à 387,16 milliards d'euros, soit 101,5 % de son PIB.

S'il reste une lueur de lucidité à un homme politique, comment pourrait-il ne pas s'émouvoir de cette vente qui, en outre, n'a pas atteint son objectif. Le président de la Commission des finances de la Chambre belge a déclaré, aussitôt après l'annonce de l'opération, que la décision de l'État belge de revendre les parts qu'il détenait dans la banque BNP Fortis était « un nouveau signe de l'incapacité du gouvernement à changer le système bancaire [...] l'État belge a manqué l'occasion d'utiliser sa participation [...] pour assurer l'investissement en Belgique. Cela va diminuer la dette belge mais, en même temps, cela nous prive d'un levier pour l'avenir » (site du journal *La Libre Belgique*, le 13 novembre 2013).

*

Ainsi donc, si le système possède le pouvoir de tuer, il est aussi pourvu d'une prodigieuse capacité de rebondissement, puisque, disposant de la connivence et du soutien des États les plus riches de la planète, il a la faculté de choisir lui-même, entre diverses options, celle qui lui apparaîtra la plus positive en termes de rentabilité et de préservation de son pouvoir.

Impuissants à se libérer de l'emprise de multinationales liées entre elles par de multiples passerelles actionnariales en raison de montages superposés de holdings ou de sociétés offshore, les États sont acculés à suivre les directives de « l'Organisation ». Lorsque les soubresauts et la perversité de celle-ci, ou l'impudence et le cynisme de dirigeants qui perdent leur boussole, mettent temporairement ces entreprises en difficulté, les États sont obligés de leur fournir les capitaux qui vont les renflouer après les avoir pris sur les deniers publics qu'ils collectent, détournant ainsi des sommes considérables des divers financements économiques et sociaux auxquels elles étaient destinées dans le budget de l'État.

Ces capitaux apportés en soutien à ces groupes en difficulté sont assortis de prétendues garanties qui s'évaporent lorsque ces établissements se refont une santé, les sommes qu'on leur aura livrées étant placées hors d'atteinte de l'impôt par une nationalisation provisoire. C'est le cas de AIG, dont la disparition définitive aurait causé de par le monde une tempête qui risquait de laisser des traces trop encombrantes et trop durables – elle était présente dans plus de 130 pays et assurait le régime de protection de très nombreuses multinationales.

Lorsque la multinationale défaillante a commis des erreurs de gestion ou de positionnement, que les États qui ont dû la soutenir ont pu répartir entre eux la somme nécessaire à sa temporaire survie, que les pays concernés ne bénéficient pas de la considération ou de la capacité suffisante pour que l'on prenne en compte leur intervention, mais que, en revanche, se présente une multinationale qui fait partie du sérail, on laisse la place à celle-ci dans des conditions qui prouvent la faiblesse, devenue biologique et génétique, des États qui avaient avancé les sommes voulues avant que le prédateur retenu ne s'empare des dépouilles. C'est le cas de Fortis.

*

Depuis deux siècles maintenant, sous l'effet d'une technologie évidemment génératrice de progrès qui dépassent l'imagination mais qui ont été et demeurent le plus souvent orientés vers la fabrication d'engins de mort de plus en plus dévastateurs, le monde occidental s'est épuisé dans des conflits provoqués par un affaiblissement des facultés psychiques, nerveuses et mentales de ses classes dirigeantes.

Ces classes dirigeantes ont mis en place les servants de la messe qu'elles avaient auparavant l'habitude de chanter elles-mêmes. Elles ont donc été de plus en plus représentées par des « élites » formatées dans des moules dont toute pensée prospective est absente, polluées par un carriérisme qui ne peut que détériorer et détruire la culture indispensable à l'intuition et à l'anticipation.

Cet affaissement de l'Occident devait inévitablement se traduire par un cancer de l'esprit et du corps, une impossibilité d'absorber et de digérer des avancées techniques devenues perverses et dissolvantes dès lors qu'elles étaient propagées par des moyens de communication provoquant en temps réel la montée en puissance mondialisée d'une richesse virtuelle en perpétuelle et artificielle mouvance.

Ce dépérissement s'est accompagné d'une nécrose généralisée qui s'est réfugiée dans un foisonnement de chapelles uniquement orientées vers un trafic d'influences. Or, ce trafic s'exerce le plus souvent à l'encontre d'une économie à taille perceptible, seule productrice des équilibres fondamentaux essentiels à la préservation d'une vie collective organisée et solidaire.

D'évidence donc, sans une volonté étatique adossée aux micro-organismes dont la plupart des pays disposent déjà ou peuvent favoriser l'expansion, sans une volonté fortifiée par une adhésion populaire enfin réveillée par une politique respectueuse de l'homme, le système sera étranglé par la dictature des rouages que, dans sa forme actuelle, il a mis progressivement en place et qu'il ne maîtrise plus lui-même. L'humanité entière connaîtrait alors des souffrances et des malheurs d'une nature évidemment différente selon les latitudes et les continents. Dans les pays riches, se propagerait l'absence d'un appétit de vivre et de toute faculté de penser fort et juste ; dans les pays émergents, une soif de revanche n'hésiterait devant aucune violence nécessaire à la captation d'un pouvoir qui détruit autant celui qui l'exerce que celui qui le subit ; dans les pays pauvres, une misère insupportable à la vue et à la sensibilité, engendrant des révoltes ou des insurrections susceptibles de déstabiliser des régions entières du globe, comme aujourd'hui au Moyen-Orient et en Afrique noire, plongeant les pays riches dans une culpabilité ouverte au délire d'une éperdue fuite en avant.

Devant cet étranglement, est-il illusoire d'espérer promouvoir avant longtemps des principes et des schémas d'organisation qui ne demeureraient pas un ensemble plus ou moins irréel d'alibis, une imagerie creuse et vide, une vanité d'animateurs de futilités télévisées ?

L'ancre n'est-elle pas engluée dans les profondeurs d'une mer boueuse et opaque et sa chaîne enroulée autour des cerveaux et des poitrines ?

L'homme est-il condamné sans retour à la tragédie et au terrorisme ? Le capitalisme est-il consubstantiel à l'humanité, c'est-à-dire aux pulsions de mort qui hantent la mémoire des hommes et pervertissent leurs désirs ? Le capitalisme financier représente-t-il l'ultime roue inexorable d'une mécanique impossible à ralentir et à maîtriser ?

D'où la question la plus angoissante et la plus lointaine, la question ultime après laquelle la vie s'éteint ou, de nouveau, s'anime.

L'homme peut-il échapper à sa condition de plus de deux millions et demi d'années ? Est-il en mesure de dépasser le parcours des anthropoïdes lorsqu'ils se sont relevés pour donner naissance aux hominidés et à l'humanité actuelle, dont on peut douter qu'elle ait progressé par rapport à son infrapsychisme d'origine ?

Est-il capable d'une mutation qui l'ouvrirait, comme le voulait Nietzsche, à une « transmutation générale des valeurs » ?

VI

LA FALAISE

La Troisième Guerre mondiale a commencé il y a maintenant près d'une quarantaine d'années lorsque, sous l'effet de la mondialisation et de la massification des entreprises, le financier a commencé à opérer un drastique renversement des valeurs en mettant l'industrie sous sa domination, l'asservissant à l'irresponsabilité et à l'irrationalité du transfert déstabilisateur et quotidien de gigantesques flux de capitaux.

Plus encore que les deux premières, cette Troisième Guerre mondiale s'étend à l'ensemble du globe et s'avérera chaque jour davantage meurtrière puisqu'il appartient à sa nature d'entretenir et d'alimenter la férocité d'un type de capitalisme dont l'agonie provoquera d'autant plus de ravages qu'elle sera plus lente.

La planète, de nouveau, est submergée par une invasion qui, sous des formes apparemment moins dangereuses et moins hideuses que celles de la

Seconde Guerre mondiale, mais, en définitive, aussi criminelles, attaque dans leur être intime la totalité des hommes, où qu'ils se situent et quel que soit leur statut social, qu'ils en aient ou non conscience, qu'ils en souffrent intensément ou qu'ils s'arrangent avec eux-mêmes.

Lorsque les hérauts du capitalisme s'efforcent de réduire l'alternative entre deux types de fonctionnement socio-économique, d'un côté, la mondialisation telle qu'elle est aujourd'hui pratiquée, de l'autre, un altermondialisme déclaré chimérique et songe-creux, ils se livrent à une opération de camouflage du matériel de guerre et des instruments de conquête d'un totalitarisme qui exclut toute forme et toute manifestation d'altérité.

Ce camouflage a pour objet d'occulter une réalité de plus en plus angoissante : un « rouleau compresseur » exprime dorénavant la tyrannie d'une machinerie dont les engrenages sont sourds et aveugles.

Voici donc revenu le temps du courage, de la lucidité, de l'entrée en résistance.

Peut-on espérer qu'une vague montante soulève les masses populaires et les classes moyennes des pays riches, comme celles des pays émergents et des pays pauvres mais de longue culture. Peut-on espérer que des gouvernants et leurs spadassins, qui ne font que traduire par la violence d'un fascisme rampant un pouvoir qu'ils ont abandonné aux forces auxquelles ils obéissent, soient rejetés s'ils continuent à refuser d'entendre, dans le lointain, les grondements d'une tempête dont le souffle les balayerait.

Sans une évolution programmée par des États déterminés à s'appuyer sur la colère et le génie de leur peuple pour promouvoir une politique recomposée, le système et ses hommes de main continueront inexorablement à étendre le tissu des lois et des règlements qui leur permettront d'étrangler dans l'œuf la plus légère velléité de rénovation.

C'est dire que la seule façon d'éviter l'étranglement, en même temps que d'empêcher le capitalisme d'aller jusqu'au bout de la logique de son autodestruction, est d'obliger les États à reprendre le pouvoir sur les mécanismes qui l'asservissent actuellement et à intervenir directement sur les marchés financiers et les divers circuits qu'ils empruntent.

Des forces politiques doivent donc se lever et se regrouper contre un capitalisme exclusivement attaché à ses propres finalités et qui, partout dans le monde, impose une dictature de fait, quelle que soit la couleur sous laquelle elle se cache.

Ces forces n'ont plus le droit de se réfugier derrière la vitrine univoque d'un régime parlementaire qui ne sert plus que d'alibi aux faussaires. Grâce à une détermination *argumentée*, refusant la violence toujours déviante et inaboutie des armes, ces forces ont le devoir, après avoir éliminé des gouvernants qui auront manqué à leur mandat, d'exprimer enfin les aspirations de masses populaires revitalisées et de classes moyennes conscientes du rétrécissement de leurs perspectives, convaincues que leurs enfants auraient, si elles devaient prolonger leur léthargie et leur silence actuels, le droit de les mépriser et de les haïr.

C'est le soulèvement, résolu, opiniâtre, *mais refusant l'absurdité des armes*, de ces masses populaires qui permettrait à l'économique de remettre à sa place le financier, de le réduire à un rôle de fournisseur de moyens, relégué à la seule gestion (surveillée) des fonds que les producteurs de richesses lui confieraient.

Si ce soulèvement, se produisant, devait autoriser et imposer cette remise en ordre, la régulation des circuits interconnectés et complémentaires de production et de distribution entre les diverses catégories du corps social et entre les peuples eux-mêmes deviendrait une réalité que les États auraient la charge de promouvoir et de contrôler.

Sans ce bouleversement copernicien, le concept de régulation restera vide de toute substance.

Qu'on ait enfin le courage d'une prise de conscience douloureuse : combien ont eu l'audace, au cours de ces quatre dernières décennies, tant ses thuriféraires étaient nombreux et péremptoires, de dénoncer la substitution, grâce à une déréglementation progressive insidieusement programmée, d'une puissance invisible mais décisionnaire au pouvoir régalien de l'État ?

*

Quelles conclusions retirer qui ne soient aussitôt perçues et condamnées comme délirantes ou fantasmatiques ?

La Seconde Guerre mondiale a permis au génie du monde occidental de réaliser des progrès techniques colossaux dans un temps tellement court qu'ils ne peuvent pas ne pas donner le vertige à l'humanité.

Ces progrès, notamment en matière de physique électronique, se sont accompagnés sur divers plans, y compris dans les domaines du thermonucléaire, de la médecine et de la chirurgie, de bonds en avant qui ne pouvaient exprimer la totalité de leur potentiel que dans un cadre élargi à la totalité de l'Occident industriel, seul capable pendant longtemps de produire et de procurer des moyens financiers se situant au niveau des buts à atteindre.

Les bouleversements, provoqués par l'énormité des capitaux nécessaires à l'accomplissement des objectifs répondant aux appels d'air propulsés par une haute technologie qui s'élève d'elle-même au rang d'une nouvelle religion, ne pouvaient que susciter, dans un premier temps, l'enthousiasme des chercheurs, des ingénieurs et des scientifiques, dans un second temps, la mise en place acharnée et simultanée des réseaux de la recherche et des canaux de la production.

Cet acharnement ne pouvait lui-même qu'entraîner le besoin de plus en plus étendu d'une exploitation des matières premières disponibles sur l'ensemble de la planète, d'où le surgissement de la mondialisation, d'où le pillage des matières premières des pays du tiers-monde.

Qui a mis en place dans le monde, et notamment en Afrique noire, nombre de dictateurs dévoyés et sanguinaires, sinon les pays riches, principalement les anciens colonisateurs auxquels s'ajoutent, depuis la fin de la Seconde Guerre mondiale, les États-Unis et, plus récemment, la Chine ?

Qui autorise ces dictateurs et leur entourage, au détriment de populations démunies ou affamées, à abriter dans les paradis fiscaux les capitaux que les banques, avec la caution des organismes internationaux, leur ont octroyés aux fins prétendues d'investissements productifs et que ces dictateurs détournent à leur profit en replaçant aussitôt la plus grande partie de ces prébendes dans les banques

« prêteuses »[1] ? À quoi servent ces dictateurs, sinon, fixant sur leur personne et leur insolente fortune, à détourner l'attention de la razzia que les pays riches exercent sur les ressources naturelles de leur pays ? Qui permet à ces dictateurs de s'entourer de mercenaires et de centurions qu'ils achètent et qu'ils arment grâce aux sommes qui leur sont versées et qu'ils ont détournées ?

D'où proviennent les sommes affectées au développement de ces marchés internationaux d'armes et de mercenaires sinon des multiples circuits mondiaux de la drogue ou de la logistique spéculative, alimentés par la fraude fiscale et le blanchiment de l'argent ?

La mondialisation, dévorée par ses besoins massifs de capitaux, incapable de freiner sa course à l'exploitation des richesses naturelles des pays du tiers-monde, était condamnée à se transformer en un « rouleau compresseur » assoiffé d'un profit d'autant plus sacralisé qu'il devenait de plus en plus virtuel. D'où la dictature du court terme, d'où le terrorisme des institutions et des marchés financiers, d'où la nécessité, enfin, d'affronter ce capitalisme pour redonner à l'économie réelle sa prééminence sur la spéculation financière institutionnelle.

---

1. Léonce Ndikumana et James K. Boyce, *La Dette odieuse de l'Afrique*, éditions Amalion.

Cet affrontement ne peut commencer que par la remise en cause radicale de multinationales qui constituent, chacune d'elles et ensemble, où qu'elles se situent, quel que soit leur secteur d'activité, le bras armé du système, ses moyens de production, d'invasion et de colonisation. Des multinationales dorénavant impuissantes à réformer leur comportement et leur voracité systémique. Ne sont-elles pas, prises dans les rets, les filets, les pièges qu'elles se sont tendus à elles-mêmes, inutilisables pour ressourcer le génie, revitaliser l'appétit, régénérer le sang et les muscles ?

La seule force de retournement vers une économie non spéculative ne pourrait, en conséquence, que s'appuyer sur un tissu de moyennes entreprises à vocation internationale, ramifiées entre elles par les moyens ultrarapides de communication que les avancées techniques leur fournissent désormais à des coûts supportables.

Ces moyennes entreprises devraient être animées par des hommes et des femmes constamment hantés par une vision du monde et de leur métier suffisamment exigeante pour qu'ils mènent sans concession le combat que les thuriféraires et les exécutants de la dictature financière continueront à vouloir leur imposer. Et ces hommes et ces femmes devront eux-mêmes partager leurs responsabilités avec des hommes et des femmes dont la fidélité et la capacité de résistance constitueront la première et obligatoire compétence.

Où et comment ces hommes et ces femmes pourraient-ils se rencontrer et refuser ensemble de se trahir eux-mêmes, sinon dans des configurations élargies à tous ceux que la même détermination cimenterait dans leur opposition à tous les discours propagés par une idéologie soi-disant orientée vers le progrès et qui a, en définitive, abouti aux déflagrations et aux dévastations auxquelles la population planétaire est aujourd'hui confrontée ?

Ces entreprises devraient conserver dans leurs fonds propres la totalité des sommes nécessaires aux investissements productifs qu'il leur faudrait assumer pour consolider leur potentiel de croissance. Elles distribueraient ensuite à l'ensemble du personnel, au lieu de boni surréalistes à quelques cadres supérieurs, un dividende du travail dont le montant, arrêté avec les organismes paritaires, serait calculé sur le résultat net produit par l'implication de tous dans l'atteinte des objectifs. Enfin, et seulement en troisième lieu, si le paiement en était possible sans obérer les moyens du développement, elles verseraient un dividende à des actionnaires en phase avec les finalités économiques, sociales et politiques de l'établissement.

Ignorées par des médias au profit des organisations dont ils sont les haut-parleurs et les propagandistes, ces entreprises seraient les seules à pouvoir revitaliser et assurer le renouveau d'une économie dont l'inventivité et la tonicité ont aujourd'hui disparu au bénéfice d'une massification dont l'arithmétique est réductrice et mortifère.

Reste la lancinante question : est-il possible aujourd'hui d'espérer un tel bouleversement alors que les moyennes et les petites entreprises vivent constamment sous la botte contraignante, déprimante, quotidienne, dans toutes leurs strates de financement et de production, des multinationales dont elles sont systémiquement les sous-traitantes, souvent totalement dépendantes ?

*

Une lueur, me dit-on, ne commencerait-elle pas à apparaître dans les ténèbres du tunnel ? Il est vrai que des femmes et des hommes, aujourd'hui en exil dans leur propre pays, encore peu nombreux, mais dont le nombre semblerait augmenter, perçoivent, ne serait-ce que confusément, la folie qui attaque sournoisement leur tissu le plus intime et ne tolèrent plus les nuisances dont ils savent qu'elles mènent inéluctablement à l'angoisse et à l'inhibition.

Ces femmes et ces hommes sont devenus les dépositaires de l'énergie et de l'intelligence, puisque la financiarisation de l'économie a perverti les âmes, détérioré les corps, sabordé les esprits, de ceux, aujourd'hui taris et desséchés, qui, au cours de ces dernières décennies, même s'ils ont quelquefois servi de vecteur à l'innovation technique, ont célébré la messe, basse ou chantée, d'une religion de l'absurdité. Une religion qui, abritée sous les dorures de « la modernité », perpétue la démence qui a ensanglanté les siècles et qui fait appel à la barbarie la plus brutale contre tout espoir de civilisation.

Ces femmes et ces hommes estiment qu'un métissage à dimension universelle, générerait, à distance au plus de quelques générations, une souplesse mentale et physique, un croisement des talents et des génies, la capacité protéiforme d'une solidarité mondiale structurelle d'une nécessité politique enfin reconnue, qui rendraient impossible le pillage des richesses naturelles des pays actuellement asservis et enchaînés.

Alors, notamment dans les populations noires africaines depuis toujours réduites à la pauvreté, à la misère ou à l'esclavage, pourrait jaillir une force de vie comprimée depuis la nuit des temps, puisque c'est là que l'Homme est né il y a plus de deux millions et demi d'années.

Oui, je pense avec ces femmes et ces hommes que, sans ce métissage, sans cette force de vie, « la pensée sauvage », selon le titre du livre de Claude

Lévi-Strauss[1], désertera définitivement la race
blanche après lui avoir laissé pendant encore un court
instant la suprématie momentanée des armes forgées
par la technologie qu'elle a su développer à une
vitesse qui, incontrôlable, la plonge dans l'égarement.

Oui, ce métissage représente à mon sens le seul
espoir qu'une vague de fond, encore plus puissante
que celle qui ravage aujourd'hui la plage, puisse
provoquer une revitalisation des réflexes, une résur-
gence de l'imagination, une mutation progressive
de l'homme par l'homme lui-même, s'abreuvant
aux sources dans lesquelles la vie puise son énergie,
refusant de faire partie de la chaîne programmée des
différents types d'androïdes.

Mais si ce métissage est à long terme inévitable en raison des divers moyens techniques de
déplacement et de communication qui favorisent
le brassage continu et toujours accéléré des populations, la plupart des pays riches, gangrenés par la
peur de l'altérité, s'ingénient à élever des barrières
de plus en plus contraignantes contre l'immigration
de peuples condamnés à une émigration de survie
qui devient aussitôt clandestine et chaotique. Une
double faute politique. La première, parce qu'il
est vain d'espérer pouvoir s'opposer à un instinct
de vie hanté par un nouvel Eldorado ; la seconde,

---

1. *La Pensée sauvage*, Plon, 1962.

parce que ce sang neuf revitaliserait les pays industrialisés, aujourd'hui en panne d'imagination et
las d'eux-mêmes, notamment une Europe vieillie
dont la population globale diminuera sensiblement
dans les décennies à venir alors que celle des pays
sous-développés du pourtour méditerranéen et de
l'Afrique noire explosera.

Pour que ce métissage sorte de l'incohérence
et échappe au *communautarisme* dans lequel il est
aujourd'hui conduit à s'enfermer, les populations
des pays d'accueil doivent cesser de se sentir
acculées à une stupidité identitaire qui prépare à de
violents affrontements ethniques et religieux. Dès
lors, la sagesse exigerait que les États inscrivent
eux-mêmes ce métissage dans un projet politique
qui, clairement exprimé par des lois organiques,
aurait pour objectif de promouvoir une *communauté*
qui découvrirait (enfin) que la promotion par soi de
sa propre richesse et de sa propre culture passe par
la promotion par soi de la richesse et de la culture
de l'autre.

Or, je crains que le système monstrueux qui
contrôle la politique de la totalité des États, l'inconséquence et le chaos lui garantissant la pérennité de
son pouvoir, ne s'attache, après avoir canalisé et
détourné l'impétuosité du flux, à disperser la vague
par le truchement, *le trucage*, de rencontres internationales qu'il veille à dépouiller de la moindre

efficience, malgré le (faux) unanimisme des bonnes intentions coutumières qui pavent l'enfer de l'émigration. N'est-il pas dans l'irrépressible nature de ce système d'éliminer, en l'étouffant et en l'absorbant, la plus infime résistance ?

Je crains aussi que les femmes et les hommes de courage et d'intelligence ne demeurent par trop disséminés pour constituer, dans un temps suffisamment court pour que le système ne puisse les récupérer et s'en alimenter, un levier capable de surmonter les obstacles millénaires des racismes ethniques et religieux. Le système ne démontre-t-il pas depuis longtemps qu'il possède, comme le boa digère la proie qu'il vient d'avaler, cette capacité de récupération et d'absorption de ceux qui militent dans certaines organisations internationales comme les organisations non gouvernementales (ONG), Amnesty International, Greenpeace, la Croix-Rouge... ? Ne les réduit-il pas, faisant un grand étalage des leurres d'une fausse permissivité, à un rôle de vitrines « démocratiques », ou encore d'épouvantails destinés à créer la peur, non seulement dans les rangs des nantis et des hommes de main du régime, mais surtout dans les masses ployées sous un sentiment d'impuissance structurelle.

Comment oublier que, survivant à son écrasement par les armées réunies des puissances anglo-saxonnes et du peuple soviétique, le nazisme a réussi dans ses camps de la mort et ses chambres à gaz à transmuer la barbarie originelle de l'Homme en une organisation scientifique de l'horreur que perpétuent les rouages du capitalisme ? Après avoir été glorifié tout au long des siècles par de nombreux écrivains et poètes, parmi lesquels Goethe, que reste-t-il, en effet, de l'esprit prométhéen affiché par les vainqueurs de mai 1945 ? Qu'est devenue la détermination qu'ils proclamaient être la leur de promouvoir une humanité aux pulsions enfin apaisées par la mise en œuvre d'une solidarité entre les peuples confiée à des organismes mondiaux de rapprochement et de régulation ? L'énergie venue du fond des âges, la force toujours renaissante qui traversait l'Homme, a été retournée en une pulsion de mort et, ensuite, sacrifiée sur l'autel d'une nouvelle divinité à l'avidité jamais rassasiée, idolâtrée et servie, comme hier le nazisme, par « une race supérieure », disposant de la survie ou de la mort de populations innombrables, composées de « sous-hommes » programmés et répartis en diverses catégories selon le coefficient d'utilité économique ou de rentabilité financière que leur attribuent les multinationales qui les réduisent en esclavage ou les assassinent.

En définitive, la mutation de l'homme par l'homme n'aura pas lieu. C'est la haute technologie, impossible à freiner, alimentée par un capita-

lisme impuissant à résister à l'appel d'air propulsé
par la machinerie qu'il a lui-même installée, qui
transformera l'homme, dans quelques générations,
si l'humanité n'a pas auparavant disparu sous les
machoires de la bête immonde, en un androïde au
destin *utilitaire* programmé.

Sans doute est-il désormais dérisoire, et peut-
être même ridicule, de penser pouvoir lancer une
bouteille à la mer qui ne soit vouée à venir se briser
contre la falaise érigée par un système attentif à
s'emparer de la moindre fissure apparue dans la
construction, ne doutant pas, l'ayant comblée et
insérée dans son dispositif d'images et de leurres,
qu'elle aura contribué à lui procurer des moyens
supplémentaires de consolider l'édifice – avant que
celui-ci n'explose après avoir atteint, puis dépassé,
la phase ultime de son absurdité.

TABLE

ISBN : 978-2-7291-2164-8

imprimé en Allemagne

CPI books GmbH, Germany